Reinhard Abeln
Der heilige Benedikt

topos taschenbücher, Band 854
Eine Produktion des Lahn-Verlags

Reinhard Abeln

Der heilige Benedikt

Leben – Legenden – Bedeutung

topos taschenbücher

Verlagsgemeinschaft topos plus
Butzon & Bercker, Kevelaer
Don Bosco, München
Echter, Würzburg
Lahn-Verlag, Kevelaer
Matthias Grünewald Verlag, Ostfildern
Paulusverlag, Freiburg (Schweiz)
Verlag Friedrich Pustet, Regensburg
Tyrolia, Innsbruck

Eine Initiative der Verlagsgruppe engagement

Bibliografische Information der Deutschen Nationalbibliothek
Die Deutsche Nationalbibliothek verzeichnet diese Publikation in der Deutschen Nationalbibliografie; detaillierte bibliografische Daten sind im Internet über http://dnb.d-nb.de abrufbar.

Einband- und Reihengestaltung | Finken & Bumiller, Stuttgart
Satz | Aalexx Druck GmbH, Großburgwedel
Herstellung | Friedrich Pustet, Regensburg
Printed in Germany

ISBN: 978-3-8367-0854-8
www.topósplus.de

Inhaltsverzeichnis

Höre, mein Sohn,
auf die Weisung des Meisters,
neige das Ohr deines Herzens,
nimm den Zuspruch
des gütigen Vaters willig an
und erfülle ihn durch die Tat!

Benedikt von Nursia (Prolog der Benediktsregel, Vers 1)

Ein Wort zuvor

Ordensgründer, Patriarch des abendländischen Mönchtums, Bote des Friedens, Vater Europas, Schutzpatron Europas, Begründer des Mittelalters, der letzte Römer – welche Worte können besser die Größe und die Einzigartigkeit eines Mannes beschreiben, der wie kaum ein anderer vor und nach ihm Einfluss auf das Klosterleben und auf das geistliche Leben der Menschen genommen hat und den die Kirche bis heute zu ihren ganz großen Heiligen zählt: der heilige Benedikt von Nursia. Sein Leben und Wirken fallen in eine Umbruchs- und Neuorientierungszeit nach den Stürmen der Völkerwanderung, als ganz Europa ein Trümmerfeld war.

Benedikt (lat. „der Gesegnete") wurde als Sohn einer vornehmen Familie um 480 in Nursia (Norcia) in der Provinz Perugia (Mittelitalien) geboren. Nach der Schulzeit ging er nach Rom, um dort die freien Künste zu studieren. Aber noch vor Vollendung seiner Studien zog er sich in eine Höhle bei Subiaco zurück, in der er drei Jahre als Einsiedler lebte und ein strenges Büßerleben führte. Über dieser Höhle wurde im 12. Jahrhundert das Kloster San Benedetto, auch Sacro Speco („heilige Höhle") genannt, gegründet.

Danach war Benedikt Abt und Vorsteher eines Klosters in Vicovaro, verließ dieses aber nach einem Vergiftungsversuch, den Mönche, die mit seiner Strenge unzufrieden waren, angestrengt hatten, bald wieder. Er gründete in der Umgebung von Subiaco, wohin er sich zurückgezogen hatte, zwölf kleine Klöster – unter ihnen das als Einziges noch heute erhaltene Konvent Santa Scolastica.

Der Überlieferung nach zog Benedikt im Jahr 529 mit einer Schar treuer Anhänger weiter nach Süden und errichtete ein großes Kloster in Monte Cassino, das zur Wiege des

Benediktinerordens und trotz mehrfacher Zerstörungen – 577 durch die Langobarden, 883 durch die Sarazenen, 1349 durch ein Erdbeben, 1944 durch den Zweiten Weltkrieg – immer wieder aufgebaut und weltberühmt wurde. Unter Benützung älterer Vorlagen verfasste er hier die bis heute gültige „Regula Benedicti“ für seine Mönche. Am 21. März starb er betend vor dem Altar der Klosterkirche in Monte Cassino.

Rund fünfzig Jahre nach Benedikts Tod – um 593/594 – sammelte Papst Gregor der Große (590–604) die Berichte, die über sein Leben und seine Wundertaten im Volk überliefert wurden. Von den vier Büchern der „Dialoge“, in denen der Papst von italienischen Heiligen und Wundertätern erzählt, ist das zweite ausschließlich dem heiligen Benedikt gewidmet. Es ist zugleich die einzige Quelle, die uns über Leben und Wirken dieses Heiligen berichtet. Schon im Vorwort nennt ihn der Papst einen „Mann von verehrungswürdigem Lebenswandel“.

Zu den Texten von Papst Gregor dem Großen über den heiligen Benedikt bemerkt Karl Böck: „Die Angaben über ihn (Benedikt) enthalten geschichtlich nachprüfbare Daten und Ereignisse. Aber diese sind nicht das Hauptanliegen des Papstes. In zahlreichen Wunderberichten wird sein vorbildliches Leben, werden seine Verdienste um das Mönchtum und seine Heiligkeit illustriert. Für den Verfasser sind es Tatsachen. Für uns sind es Zeichen gnadenhafter Befindlichkeit, die als solche Wahrheit und Bedeutung bis heute behalten haben.“[1]

Dieses Buch entwirft ein Persönlichkeitsbild des heiligen Benedikt, dessen Andenken – fast 1500 Jahre nach seinem Tod – bis heute lebendig geblieben ist. Die Ausführungen – Gedanken, wundervolle Begebenheiten und Heilungen, die Regel, Verehrung und bildliche Darstellungen, Bräuche – erzählen von einem Mann, der das Abendland entscheidend geprägt und geformt hat und einer der Großen der christlichen Geistesgeschichte ist.

Die Bedeutung des heiligen Benedikt und seiner Regel, so möchte dieser Band zeigen, ist bis heute kaum zu überschätzen. Zwar hat der Heilige seine Regel für seine Mönche im 6. Jahrhundert geschrieben, aber diese „bescheidene Regel", wie Benedikt sie selber nennt, hat seit eh und je weit über die Reihen der Mönche in Monte Cassino hinaus Beachtung gefunden. Der Regel ist eine Allgemeingültigkeit eigen, die von der Größe und Bedeutung ihres Verfassers ein beredtes Zeugnis gibt.

Über den Tod hinaus bleibt der heilige Benedikt mit seiner Regel bis heute lebendig als bewährter Helfer für alle Menschen, die auf der Suche nach Gott sind. Wie Johannes der Täufer weist der Mönchsvater von sich weg auf den Größeren, dem er die Wege bereitete. Demütig stellt er sich in die Reihe der Brüder und sagt ihnen damals wie heute: „Mitten unter euch steht der, den ihr nicht kennt und der nach mir kommt; ich bin es nicht wert, ihm die Schuhe aufzuschnüren" (Joh 1,26f.).

Papst Johannes Paul II,. der dem heiligen Benedikt in besonderer Weise verbunden war, sagt über die berühmte Regel des Ordensgründers: „Die Weisungen, die sie enthält und die in ihr aufleuchten, haben auch für unsere Zeit noch ihre Bedeutung und können allen eine Hilfe sein, die in der Taufe wiedergeboren und im Glauben gereift sind."[2] Der Papst gibt auch den Grund für diese erstaunliche Tatsache an: Die Benediktusregel ist „ein folgerichtiger und reichhaltiger Leitfaden zur Verwirklichung des Evangeliums". Kein Wunder also, dass die Regel Benedikts durch Jahrhunderte bei Konzilien und Reichstagen neben dem Evangelium auf dem Verhandlungstisch lag!

Walter Nigg schreibt über die große Bedeutung der Regel Benedikts für die heutige Zeit: „Sie gibt eine klare Antwort auf die Frage: Wie kann der Mensch christlich leben? Aus diesem Grunde gehört die Regel in jede christliche Handbibliothek, ganz gleich, ob der Besitzer Mönch ist oder nicht. Das Büchlein sollte stets in Griffnähe sein ... Stets sollte der

Mensch einem geschichtlichen Text vom Range der Regel Benedikts mutig Rede und Antwort stehen. Dies allein entspricht christlicher Haltung, alles andere ist unernst."[3]

Dieses Buch zeigt die Gestalt eines Heiligen, der nicht nur zur Kultur vergangener Jahrhunderte erheblich beigetragen hat, sondern auch für die heutige Zeit von großer Bedeutung ist. Im Leben und Wirken des heiligen Benedikt kann jeder Einzelne – in liebender Ehrfurcht vor der Größe seiner Person – für sein eigenes Leben Ermutigung und Wegweisung finden. „Benedikt ist ein Leitbild, nach dem man sich ausrichten kann ... Er besitzt fortwirkende Kraft und überdauernde Wahrheit" (Walter Nigg).

Reinhard Abeln

Das Leben des heiligen Benedikt

Hoch oben in den Sabinerbergen, in dem kleinen Ort Nursia (heute Norcia in Umbrien, nordöstlich von Rom), kam Benedikt – nach Angaben seines berühmten Biografen Gregor des Großen – um das Jahr 480 zur Welt. Mit seiner von ihm sehr geliebten Schwester Scholastika verbrachte er in dieser abgeschiedenen Gegend und herben Landschaft seine Kindheit.

Auf dem Grund, wo einst das Elternhaus von Benedikt stand, erhebt sich heute die Kirche S. Benedetto. In der kühlen und nüchternen Unterkirche – heute eine Kapelle, damals ein Wohnraum – sollen vor über eineinhalb Jahrtausenden Benedikt und seine Schwester Scholastika geboren worden sein.

Im Haus der Eltern lernte Benedikt die Liebe seiner Mutter und die Fürsorge seines Vaters kennen. Diese hier erfahrene Liebe und Fürsorge werden später die wesentlichsten Elemente der von ihm verfassten Mönchsregel ausmachen. Von daher kommt die Sensibilität für „die Mahnungen des gütigen Vaters", wie es im Vorwort der Regel heißt (RB, Prol. 1).

Schon als kleines Kind, so wird berichtet, besaß Benedikt den „Sinn eines Greisen". Das heißt: Er war allem kindischen Treiben abhold und beschäftigte sich nur mit nützlichen Dingen.

Benedikts Familie gehörte dem alten und angesehenen römischen Adelsgeschlecht der Anicier an. Nach der Schulzeit – vermutlich an der Wende vom fünften zum sechsten Jahrhundert – schickten die Eltern ihren hochintelligenten Sohn nach Rom, damit er dort die freien Künste studiere. Benedikt aber brach sein Studium, kaum hatte er es begonnen, wieder ab, denn das Leben der Weltstadt sowie die Verderbnis und Sittenlosigkeit seiner Mitstudenten ekelten ihn an. Außerdem war ihm klargeworden, dass der Sinn des Lebens nicht in Reichtum oder Macht – sei sie politischer oder kirchlicher Art – bestehen kann.

Gregor der Große fasst diesen ersten und entscheidenden Lebensabschnitt Benedikts mit folgenden Worten zusammen: „Benedikt wurde zum Studium nach Rom geschickt. Doch weil er sah, wie viele dabei auf die schiefe Bahn gerieten, zog er den Fuß, den er beinahe schon auf die Schwelle zur ‚Welt' gesetzt hatte, zurück, um nicht auch selbst, wenn er mit deren Wissen in Berührung käme, ganz in den gähnenden Abgrund zu stürzen. Er gab also sein Studium auf und verzichtete damit auf materielle Sicherheit. Sein Wunsch war, Gott allein zu gefallen. Darum machte er sich auf die Suche, wer ihm wohl das Mönchsgewand reichen könne. So ging er also fort, bewusst unwissend – weil er weise war –, ohne Gelehrsamkeit."

Ein Historiker (E. Rostovtzeff) schildert die damals schlimme Situation im Rom des 5. Jahrhunderts wie folgt: „In der Atmosphäre lässiger Zufriedenheit fanden die bevorrechteten Schichten, zumal die städtische Mittelschicht, ihr Ideal im Vergnügen, in der Jagd nach Gewinn und der Erlangung der materiellen Vorteile der Kultur für sich und ihre Familie. Die Menschen wurden selbstsüchtig, sie banden ihr Herz an Müßiggang und Zerstreuung. Der schöpferische Geist schwand; die Wissenschaft wiederholte ihre alten Ergebnisse. Diejenigen, die sich nicht ergeben wollten, suchten Zuflucht in der Religion."

Flucht aus der Großstadt Rom

Zu denen, die sich nicht ergeben wollten, gehörte auch der junge Benedikt. Von Rom maßlos enttäuscht, verließ er die Großstadt und flüchtete zurück in die Einsamkeit der heimatlichen Berge. Zunächst schloss er sich in Enfide (dem heutigen Affile) im südlichen Latium einer religiösen Gemeinschaft von Asketen (Priester und Laien) an, deren Lebensform halb weltlich und halb mönchisch war. Weil Benedikt dort, wie Gregor der Große berichtet, ein Wunder gewirkt haben soll, genoss er in diesem Kreis bald großes Ansehen.

Worin bestand dieses Wunder? Benedikts Amme, so erzählt der Biograf, hatte den jungen Mann nach Enfide begleitet. „Sie erbat sich hier von den Nachbarfrauen ein Sieb, um Weizen darin zu reinigen. Unvorsichtig ließ sie es auf dem Tisch liegen, sodass es durch einen Zufall herabfiel und in zwei Stücke zerbrach. Als die Amme zurückkam und das Unglück sah, weinte sie bitterlich. Der gute Knabe Benedikt, als er seine Amme weinen sah, hatte Mitleid mit ihr. Er nahm die Stücke und betete. Als er vom Gebet aufstand, war das Sieb wieder so hergestellt, dass man keine Spur von einem Bruch mehr an ihm bemerken konnte. Mit freundlichen Worten tröstete Benedikt die Amme und gab ihr das heile Sieb zurück. Dieses Ereignis erregte solche Verwunderung, dass die Einwohner das Sieb beim Kirchenportal aufhängten" (Dial. II, 1–2).

Die Bewunderung und Verehrung, die man ihm hier erwies, sah Benedikt als Gefahr für seinen Weg der Buße und Abtötung an. Er „verlangte mehr nach Leid als nach dem Lob dieser Welt, mehr nach Mühsal Gott zuliebe als nach weltlicher Gunst", berichtet Papst Gregor (Dial. II, 1). Darum verließ er nach einiger Zeit den Ort der Asketengemeinschaft und suchte nach einer Stätte, wo er – nach dem Beispiel der Wüstenväter, der ägyptischen Eremiten – ungestört mit Gott allein sein konnte. „Was gibt es Schöneres", schrieb Benedikt später in seiner Ordensregel, „als die Stimme des Herrn, der uns einlädt? Seht, in seiner Güte zeigt uns der Herr den Weg zum Leben."

In einer Höhle bei Subiaco

Auf der Suche nach einer einsamen Gegend begegnete Benedikt im Aniotal bei Subiaco im Sabinergebirge, östlich von Rom, ein Mönch mit Namen Romanus. Dieser zeigte dem jungen Gottsucher eine unzugängliche Felsenhöhle. In sie ließ sich Benedikt hinab, um dort drei Jahre in strengster Weltabgeschiedenheit zuzubringen. Er war in ein zottiges Fell gekleidet, sodass ihn vorbeiziehende Hirten zuerst „für ein wildes Tier" hielten (Dial. II, 1,4).

Der Mönch Romanus, der in einem benachbarten Kloster unter der Regel des Abtes Adeodatus lebte, brachte Benedikt von Zeit zu Zeit etwas Brot, das er sich vom Munde abgespart hatte. Da er wegen der Unzugänglichkeit der Höhle nicht selbst zu dem Einsiedler gelangen konnte, ließ er das Brot an einem langen Strick über den Felsen in die Höhle hinunter. Ein kleines Glöckchen am Strick kündigte jedes Mal die Ankunft der dürftigen Nahrung an. Benedikt kam dann jedes Mal aus seiner Höhle heraus, um das Brot anzunehmen (Dial. II, 1,4). Davon ernährte sich der Einsiedler, andere Speise hatte er in seiner Einsamkeit nicht.

In der Einsamkeit kämpfte Benedikt wiederholt einen Kampf gegen sich selbst und Gott. Denn sinnliche Verlockungen suchten ihn heim. Als er einmal seine Höhle verlassen wollte, um diese Lust in der Welt zu finden, erblickte er, „von Gott erleuchtet, ein dichtes Nessel- und Dornengestrüpp, zog sein Gewand aus und warf sich nackt in die spitzigen Dornen, um die ersehnte Lust in Schmerz zu verwandeln" (Dial. II, 2). Auf diese Weise gelang es ihm, seine Anfechtungen zu besiegen, und er wurde fortan nicht mehr gequält.

Papst Gregor schreibt über Benedikt: „So heilte er durch die Wunden der Haut am eigenen Leib die Wunde der Seele; die Lust wurde zum Schmerz. Während sein Äußeres qualvoll, aber heilsam brannte, löschte er das verführerische Feuer im Innern. Er besiegte die Sünde, indem er das Feuer umwandelte. Seit dieser Erfahrung war die Versuchung zur sinnlichen Lust so überwunden, dass er sie nie mehr in sich verspürte, wie er später seinen Jüngern erzählte" (Dial. II, 2,1.2).

Benedikt ging aus dem schmerzvollen Kampf gegen die Versuchung geläutert und gereift hervor. Fortan galt für ihn:

„Der Liebe zu Gott nichts vorziehen", wie er später in seiner Regel niederschrieb (RP 4,21). Ab jetzt waren auch die Voraussetzungen gegeben, anderen in Zukunft ein väterlicher Ratgeber und Helfer zu sein auf der Suche nach Gott und im Erlernen der Liebe zu Jesus Christus.

Hirten und Landleute aus der Gegend wurden mit der Zeit auf den jungen Eremiten aufmerksam und machten sich auf, um mit ihm zu sprechen und sich bei ihm Rat zu holen (Dial. II, 2,3). Fast täglich kamen sie aus dem Tal zu Benedikt herauf und machten den Einsiedler zu ihrem geistlichen Lehrer. Benedikt nahm sich ihrer an. Er gab ihnen nicht nur Rat, sondern erzählte ihnen oft aus dem Leben und der Botschaft Jesu Christi. Von jetzt an war es vorbei mit Benedikts Ruhe und Abgeschiedenheit. „Der Ruf seiner beispielhaften Lebensweise breitete sich aus und sein Name wurde berühmt", schreibt Papst Gregor (Dial. II, 3,1).

Abt einer Eremitengemeinschaft

Benedikts Aufenthalt blieb auch den Mönchen des benachbarten Klosters Vicovaro nicht verborgen. Ihr Abt war gestorben und sie wünschten sich den Einsiedler, der „immer mehr durch Tugenden und Wunder hervortrat", zu seinem Nachfolger. Nur ungern ließ sich Benedikt überreden. Trotz schwerer Bedenken übernahm er schließlich das Amt und wurde der Vorsteher dieser Eremitengemeinschaft (Dial. II, 3,2).

Als Abt machte sich Benedikt daran, das Leben der Eremiten zu ordnen. Er führte strenge Regeln ein und achtete auf deren Einhaltung. Doch das passte den an lässige Zucht und gutes Leben gewöhnten Mönchen nicht. Sie gerieten in Wut und schmiedeten Pläne zu seiner Beseitigung. Papst Gregor berichtet von einem Giftattentat, das der Heilige durch ein Wunder vereiteln konnte: „Sie (die Mönche) berieten miteinander und mischten dann Gift in den Wein. Als das Glas mit dem vergifteten Trank nach dem Brauch des Klosters bei Tisch dem Abt zur Segnung gebracht wurde, streckte Benedikt die Hand aus und machte das Zeichen des Kreuzes. Auf dieses Zeichen hin zerbrach das Glas, das in einiger Entfernung gehalten wurde, als hätte er nicht das Kreuz gemacht, sondern einen Stein auf das Gefäß des Todes geworfen. Sofort erkannte der Mann Gottes, dass darin ein todbringender Trank gewesen war, weil das Glas das Zeichen des Lebens nicht hatte ertragen können" (Dial. II, 3,4).

Benedikt erkannte, dass er und diese Mönchsgemeinde nicht zusammenpassten. Darum erklärte er den Eremiten, dass er sie nun verlassen werde: „Geht und sucht euch einen Abt, der zu euren Sitten passt! Denn mich könnt ihr nach dem, was geschehen ist, auf keinen Fall mehr halten!" (Dial. II, 3,4). Mit diesen Worten legte er seine Abtswürde nieder.

Ein Leben der Gottsuche

Enttäuscht kehrte Benedikt zu seiner Höhle bei Subiaco zurück, um hier wieder ein Leben der Gottsuche, der Buße und Abtötung zu führen – in völliger Abgeschiedenheit und abseits vom ärgerniserregenden Treiben vieler Mönche seiner Zeit. Papst Gregor schreibt: „Unser heiliger Mann wohnte ganz in sich selbst, weil er allezeit wachsam auf sich achtete, sich selbst stets unter den Armen des Schöpfers sah, sich allezeit prüfte und sein inneres Auge nicht außerhalb seiner umherschweifen ließ" (Dial. II, 3,7). Sein Leitspruch lautete: „Soli Deo placere cupiens" – „Ich wünsche nur Gott zu gefallen." Dabei pflegte er in besonderer Weise das Gebet, indem er alles, was ihn bewegte, vor Gott trug. Das Gebet gab ihm die Kraft, in der Liebe zu Gott weiter zu wachsen und sich ganz dem göttlichen Willen zu ergeben.

Benedikt lebte das Leben eines wahren Mönches. Weil sein Aufenthaltsort immer bekannter wurde und sein Ruf immer weiter nach außen drang, kamen von überallher Einsiedler zu ihm, die sich ihm anschließen und mit ihm ein gottgefälliges Leben führen wollten. „Er übte auf viele eine große Anziehung aus, sodass sie sich bei ihm versammelten, um dem allmächtigen Gott zu dienen" (Dial. II, 3,13). So entstand in der Einöde von Subiaco eine monastische Gemeinde von bald über hundert Brüdern, die in zwölf kleinen Klöstern lebten.

Papst Gregor berichtet: „In jedes Kloster schickte er (Benedikt) zwölf Mönche und setzte für jede Gemeinschaft einen Abt ein. Nur wenige Mönche behielt er bei sich, die nach seinem Urteil für seine persönliche Leitung und Weisung besonders empfänglich waren" (Dial. II, 3,13).

Weiter schreibt der Papst: „Da kamen erstmals auch vornehme und fromme Römer zu ihm und brachten ihre Söhne, damit er sie für den allmächtigen Gott erziehe. Euthicius übergab ihm seinen Sohn Maurus, der Patrizier Tertullus seinen Sohn Placidus. Beide berechtigten zu großen Hoffnungen. Maurus war noch jung, hatte aber schon einen reifen Charakter und wurde bald der Helfer des Meisters; Placidus hingegen war fast noch ein Kind" (Dial. II, 3,14).

Doch noch ein zweites Mal musste Benedikt durch ein Wunder gerettet werden. Eines Tages sandte dem Heiligen ein benachbarter missgünstiger Priester mit Namen Florentius ein vergiftetes Brot, um ihn – vermutlich aus Neid und Eifersucht – zu beseitigen. Benedikt erkannte dessen Ansinnen und nahm, wie Papst Gregor berichtet, das Brot „mit Dank" an. Dann gab er es einem Raben, der jeden Tag aus dem nahen Wald kam und aus seiner Hand zu fressen pflegte, und sprach zu ihm: „Im Namen Jesu Christi, nimm das Brot und trage es an einen Ort, wo es kein Mensch finden kann!"

Da sperrte der Rabe seinen Schnabel auf, breitete seine Flügel aus und fing an, um das Brot herumzuhüpfen und zu krächzen, als könne er das ihm von Benedikt aufgetragene Gebot nicht ausführen. Doch der Heilige befahl es ihm zum zweiten und dritten Mal und sprach: „Sei ohne Furcht und trage es, wohin ich dir gesagt habe!“ Da nahm der Rabe das Brot in seinen Schnabel und trug es fort. Nach drei Tagen kehrte er zurück und nahm sein Futter aus Benedikts Hand, wie er es gewöhnt war (Dial. II, 8). Papst Gregor fügt noch hinzu: „Als der ehrwürdige Vater sah, dass der Priester ihm nach dem Leben trachtete, tat es ihm mehr leid um diesen Neider als um sich selbst.“

Bald darauf unternahm Florentius einen weiteren Versuch, um dem heiligen Benedikt Schaden zuzufügen. Papst Gregor berichtet: „Weil der Priester Florentius den Leib des Meisters nicht töten konnte, richtete er sein ganzes Sinnen und Trachten darauf, die Seelen der Brüder zu verderben. Darum schickte er in den Garten des Klosters, in dem Benedikt weilte, sieben nackte Mädchen, die sich vor den Augen der Brüder die Hände reichten und einen langen Reigen tanzten, um die Schüler zur Wollust zu entflammen“ (Dial. II, 8). Aber auch dieser Versuch, Benedikt über den Umweg der Verführung seiner Brüder persönlich zu treffen, misslang.

Auf dem Monte Cassino

Um sich nicht in weitere unerquickliche Auseinandersetzungen mit Florentius und anderen Mönchen, die ihm nicht wohlgesinnt waren, einlassen zu müssen, verließ Benedikt kurzerhand Subiaco und zog mit einigen seiner Schüler im Jahre 529 nach dem Monte Cassino, einem 519 Meter hohen Berg, der zwischen Rom und Neapel lag. Welche Gründe für die Wahl des betreffenden Berges sprachen, ist nicht bekannt, aber man nimmt an, dass vielleicht irgendeiner seiner Wohltäter unter den Patriziern den Ausschlag gegeben hat.

Das Jahr 529, in dem Benedikt zum Monte Cassino zog, war das Jahr, in dem die platonische Akademie in Athen – die Hochschule der Antike – ihre Pforten schloss. „Als der heilige Mann fortzog, wechselte er zwar den Wohnsitz, nicht aber den Feind“ (Dial. II, 8), sagt Papst Gregor gleich in einer Überschrift, ehe er zu erzählen beginnt, was Benedikt auf dem neuen und für seinen Lebensweg letzten Ort alles erlebte. Von Anfang an ist es ein Kampf gegen den Bösen, den er führt, und je mehr er kämpft, umso mehr wird er zum Mann Gottes, zum Gesegneten, der dort auf Gottes Hilfe baut, wo sich andere auf eigene Kräfte verlassen, der segnet, wo andere fluchen.

Auf dem Monte Cassino befand sich ein altes Apollo-Heiligtum. „Ringsum waren den Dämonen geweihte Haine entstanden und noch bis zu jener Zeit mühte sich hier die Menge der Ungläubigen sinnlos mit gotteslästerlichen Opfern ab.“ Benedikt zertrümmerte das Götzenbild, zerstörte den Altar und ließ die Haine roden. Dann baute er mit seinen Getreuen über den Ruinen des Apollotempels – neben zwei Kirchen (zu Ehren des heiligen Martinus und des heiligen Johannes) – ein großes Kloster, das Kloster Monte Cassino (Dial. II, 8,11).

Dieses Kloster, mit eigenen Händen und ohne fremde Hilfe von Benedikt und seinen Mönchen errichtet, wurde zum Urkloster des Benediktinerordens. Hier schrieb der Heilige seine berühmte „Regula Benedicti“, die zur Grundlage für alle von hier ausgehenden Benediktinerklöster des Abendlandes wurde. Mit Recht wird gesagt, Benedikt sei mit seiner Regel zum „Baumeister des christlichen Abendlandes“ geworden.

Die Regel des heiligen Benedikt legt verbindliche Leitsätze für das Leben der Mönche im Kloster fest. Das war in der damaligen Zeit etwas Neues. Denn in den Klöstern, die aus der östlichen Tradition der Wüstenväter entstanden waren, gab es damals keine feste Organisation und keine verpflichtenden Ordensregeln. Die Ordnung eines Klosters beruhte ausschließlich auf der Ausstrahlungskraft ihres geistlichen Oberhauptes, dessen Rat und Hilfe sich die Mönche in wichtigen Fragen des Lebens erbaten.

Papst Gregor schreibt über die Regel des heiligen Benedikt: „Nicht nur die zahlreichen Wunder des Gottesmannes wurden in der Welt berühmt, sondern auch das Wort seiner Lehre strahlte hell auf. Er schrieb eine Regel für Mönche, ausgezeichnet durch maßvolle Unterscheidung und wegweisend durch ihr klares Wort. Wer sein Wesen und sein Leben genauer kennen lernen will, kann in den Weisungen dieser Regel alles finden, was er als Meister vorgelebt hat: Der heilige Mann konnte gar nicht anders lehren, als er lebte" (Dial. II, 36,1).

Während der heilige Benedikt das Kloster auf dem Monte Cassino errichtete und einrichtete, predigte er der Bevölkerung in der tiefer gelegenen Ebene das Evangelium, die Frohe Botschaft von Jesus Christus und seiner Liebe zu den Menschen (Dial. II, 8,11). Diese Missionstätigkeit ist noch heute Aufgabe der Mönchsgemeinde, da die Stadt Cassino und die umliegenden zwanzig Gemeinden unter die geistliche Gerichtsbarkeit des Abtes von Monte Cassino fallen.

Das letzte Geschwistergespräch

Von einer kleinen Episode auf dem Monte Cassino berichtet Papst Gregor. Es ist die letzte Begegnung Benedikts mit seiner leiblichen Schwester Scholastika. Einmal im Jahr trafen sich die beiden Geschwister auf einem Gut, das zum Kloster gehörte und nicht weit entfernt lag.

Eines Tages ging nun Benedikt mit einigen Brüdern zu dem Gut, um dort seine Schwester zu treffen. Der Biograf erzählt sinngemäß: Sie verbrachten den ganzen Tag im Lobe Gottes und im geistlichen Gespräch. Bei Einbruch der Dunkelheit hielten sie miteinander Mahl. Es wurde spät. Als Benedikt aufbrechen wollte, bat ihn die Schwester, doch bei ihr zu bleiben und bis zum Morgen von den Freuden des himmlischen Lebens zu sprechen. Benedikt erklärte, ein Mönch gehöre nachts in sein Kloster. Da legte Scholastika ihren Kopf in die Hände und betete. Plötzlich zog nach heiterem Himmel ein Gewitter herauf mit gewaltigem Wolkenbruch, sodass Benedikt gezwungen wurde, im Haus zu bleiben.

Benedikt fragte seine Schwester: „Was hast du getan?" Sie erwiderte: „Ich habe dich gebeten, hier zu bleiben, und du hast mich nicht erhört. Da habe ich meinen Herrn gebeten und er hat mich gehört. Geh nur, wenn du kannst! Verlass mich und kehre zum Kloster zurück!"

Da Benedikt das Haus nicht verlassen konnte, blieb er gegen seinen Willen bei seiner Schwester. Sie durchwachten die ganze Nacht, tauschten in heiligen Gesprächen ihre Erfahrungen über das geistliche Leben aus und stärkten sich gegenseitig. Am nächsten Tag ging Scholastika wieder in ihre eigene Zelle zurück und auch Benedikt kehrte heim in sein Kloster. Drei Tage später starb Benedikts Schwester (Dial. II, 33–34).

Über den Tod von Benedikts Schwester Scholastika schreibt Papst Gregor: „Als Benedikt drei Tage danach gerade in seiner Zelle stand und die Augen zum Himmel erhob, sah er, wie die Seele seiner Schwester, die eben gestorben war, in Gestalt einer Taube den Himmelsraum durchdrang. Er freute sich über ihre große Verherrlichung und dankte dem allmächtigen Gott mit Hymnen und Lobgesängen. Auch ließ er sogleich den Leichnam der Scholastika ins Kloster bringen und in das Grab legen, das er für sich selbst bereitet hatte. So kam es, dass auch das Grab die Leiber derer nicht trennte, deren Geist immer eins in Gott gewesen war" (Dial. II, 34).

Die Gabe der Prophetie

Über die Entwicklung und den Zustand des Klosters Monte Cassino zu Lebzeiten des heiligen Benedikt ist nur wenig Genaues bekannt. Seine vielen Wundertaten, von denen

Papst Gregor berichtet, zeigen jedoch, dass sich sein Ruf in ganz Mittelitalien verbreitet hatte. Bekannt ist, dass ihm der arianische Ostgotenkönig Totila (541–552) im Jahre 546 einen Besuch auf dem Monte Cassino abstattete (Dial. II, 14–15).

Bei diesem Besuch soll Benedikt laut Gregor dem Großen dem König geweissagt haben: „In Rom wirst du einziehen, über das Meer wirst du fahren und neun Jahre lang herrschen, im zehnten Jahr aber wirst du sterben“ (Dial. II, 15,1). Aus der Voraussage wurde Wirklichkeit: Nicht viel später hielt König Totila Einzug in Rom, setzte seinen Weg fort und gelangte nach Sizilien, aber im zehnten Jahr seiner Herrschaft verlor er nach dem Ratschluss des allmächtigen Gottes sein Reich und das Leben.

Sein oft bezeugter prophetischer Geist ließ Benedikt auch den Tag seines eigenen Todes vorausschauen. „Einigen Schülern, die bei ihm waren, und einigen, die weit entfernt lebten“, schreibt Papst Gregor, „kündigte er den Tag seines heiligen Todes an“ (Dial. II, 37,1).

Weiter heißt es: „Sechs Tage vor seinem Tode ließ er sein Grab öffnen. Dann packte ihn hohes Fieber, das ihn bald sehr schwächte. Da die Schwäche von Tag zu Tag zunahm, ließ er sich am sechsten Tag von seinen Schülern in die Kapelle tragen. Dort stärkte er sich für seinen Tod durch den Empfang des Leibes und Blutes des Herrn. Er stand da in seiner Schwäche, auf die Hände der Schüler gestützt, erhob die Hände zum Himmel und unter Worten des Gebetes hauchte er seine Seele aus“ (Dial. II, 37,2).

Der Todestag

So starb der heilige Benedikt am 21. März 547. (Der Todestag gilt seit der Wende vom siebten zum achten Jahrhundert als bezeugt.) Es war an einem Gründonnerstag. „An diesem Tag“, berichtet Papst Gregor, „empfingen zwei seiner Brüder eine Offenbarung durch ein und dieselbe Schau; der eine hielt sich im Kloster auf, der andere lebte weiter entfernt. Sie sahen, wie eine Straße von seinem Kloster genau in östlicher Richtung bis zum Himmel reichte; sie war mit Teppichen ausgelegt und von zahllosen Lampen erleuchtet. Oben stand strahlend ein Mann von ehrfurchtgebietendem Aussehen und fragte sie, für wen dieser Weg sei, den sie sahen. Sie gaben zu, sie wüssten es nicht. Da sagte er zu ihnen: ‚Dies ist der Weg, auf dem Benedikt, den der Herr liebte, zum Himmel emporsteigt'" (Dial. II, 37,3).

Die Mönche bestatteten ihren Ordensgründer in der Kirche des heiligen Johannes des Täufers in dem von ihm vorbereiteten Grab neben seiner Schwester Scholastika. Seine Gebeine wurden am 11. Juli 673 von Monte Cassino nach Fleury, östlich von Orléans in Frankreich, übertragen, das seither Saint-Benouît-sur-Loire heißt, das heißt St. Benedikt an der Loire.

Hundert Jahre später wurde ein Teil der Reliquien Benedikts wieder nach Monte Cassino zurückgebracht. Als die Abtei nach dem Zweiten Weltkrieg (1944), wo sie völlig zerstört war, wieder aufgebaut wurde, entdeckte man das ursprüngliche Benediktusgrab.

Ein Bote des Friedens

Am 24. Oktober 1964 erklärte Papst Paul VI. anlässlich der Kirchweihe der wiedererstandenen Abtei Monte Cassino den heiligen Benedikt zum Schutzpatron Europas, da er „Botschafter des Friedens, Schöpfer der Einheit, Lehrmeister der Zivilisation, Bote des Glaubens und Begründer des westlichen Mönchslebens" sei, folglich – laut päpstlichem Schreiben – ein „Pacis Nuntius" (Bote des Friedens).

„Es ist sein Europa, das es ohne ihn und seine Jünger so nicht gäbe", schreibt Karl Böck in seinem Buch „Menschen und Heilige"[4] über den heiligen Benedikt. Das Fest des Heiligen feiert die Kirche seit dem 9. Jahrhundert, früher am

21. März (seinem Todestag), heute am 11. Juli (dem Tag der Überführung seiner Gebeine nach Fleury in Frankreich). Der Gedenktag von Benedikts Schwester Scholastika (deren Reliquien vom 7. bis 9. Jahrhundert über Fleury und Le Mans nach Juvigny-sur-Loison kamen) wird am 10. Februar gefeiert.

Noch heute hat der Benediktinerorden Klöster in aller Welt, in denen die Mönche beten und arbeiten wie damals zu Lebzeiten des heiligen Benedikt. Das berühmte benediktinische „Ora et labora", das heißt „bete und arbeite", steht zwar nicht wörtlich in der Regel des heiligen Benedikt. Es ist aber gleichsam ihre Überschrift. Unter diesem Wort lässt sich nicht nur das Leben des Heiligen selbst, sondern auch das seiner weltgeschichtlichen Gemeinschaft, der Benediktiner, zusammenfassen.

Papst Johannes Paul II. sagt über dieses weltweit bekannte „Ora et labora": „Der heilige Benedikt führte auf Erden ein Leben, in dem Arbeit und Gebet in ausgewogenem Gleichgewicht standen. Die Arbeit ist bei ihm auf eine glückliche Weise in die übernatürliche Sicht dieses Lebens einbezogen. So hilft er dem Menschen, sich als Mitarbeiter Gottes zu erkennen und es in der Tat zu werden und in der Ausübung einer schöpferischen Tätigkeit seine Person voll zur Entfaltung zu bringen. Das menschliche Tun wird kontemplativ und die Kontemplation entfaltet eine dynamische Kraft, die der Arbeit wiederum Antrieb gibt und deren vorgegebene Ziele ins Licht rückt."[5]

Benedikt in Legenden und Wunderberichten

Zahlreich sind die Legenden und Wunderberichte über den heiligen Benedikt. Sie sind uns überliefert durch Papst Gregor den Großen (590–604) und haben um die Mitte des 13. Jahrhunderts Eingang gefunden in die mittelalterliche Legendensammlung „Legenda aurea" des späteren Erzbischofs von Genua, Jacobus de Voragine.

Auf den folgenden Seiten soll eine Auswahl besonders schöner und bedenkenswerter Legenden und Wunderberichte wiedergegeben werden.[6] Der Florentiner Maler Spinello Aretino hat eine Reihe dieser Begebenheiten des heiligen Benedikt in der Sakristei von S. Miniato in Florenz in Fresken festgehalten, andere malten sie in „Sacro Speco" (heilige Höhle), dem im 12. Jahrhundert gegründeten Kloster San Benedetto östlich von Rom.

Papst Gregor beruft sich in seinen Ausführungen über den heiligen Benedikt auf das, was ihm von anderen über den Mönchsvater berichtet wurde. Seinem fingierten Gesprächspartner, dem Diakon Petrus, sagt darüber der Verfasser der „Dialoge":

„Ach Petrus, ich glaube, der Tag würde eher zu Ende gehen als meine Erzählung, wenn ich nur das allein anführen wollte, was ich selbst in dieser Beziehung über vollkommene und bewährte Männer teils durch das Zeugnis frommer und glaubwürdiger Leute, teils durch eigene Wahrnehmung in Erfahrung gebracht habe. Was mir von ehrwürdigen Männern mitgeteilt wurde, will ich ohne Zaudern wieder erzählen. Das aber bitte ich dich zu beachten, dass ich mich bei einigen Erzählungen nur an den Sinn, bei anderen hingegen an Sinn und Wortlaut halte" (Dial. I).

Das Siebwunder

Er (Benedikt) gab das Studium der Wissenschaften auf und war entschlossen, in die Einsamkeit zu gehen. Nur seine Amme, die ihn sehr liebte, folgte ihm. Sie kamen nach Enfide und blieben bei der Kirche des heiligen Petrus. Dort führten viele angesehene Männer ein Leben in Gemeinschaft. Die Amme erbat sich nun von Nachbarinnen ein Sieb, um Weizen zu reinigen, und ließ es unbekümmert auf dem Tisch liegen. Es fiel hinunter und zerbrach in zwei Stücke. Als die Amme zurückkam, bemerkte sie sofort, was geschehen war. Da begann sie heftig zu weinen, weil das Gerät, das sie ausgeliehen hatte, zerbrochen war.

Als der junge Benedikt seine Amme weinen sah, hatte er Mitleid wegen ihres Kummers. Er nahm die beiden Teile des zerbrochenen Siebes und begann unter Tränen zu beten; denn er war fromm und liebevoll. Als er vom Gebet aufstand, fand er das Sieb neben sich unversehrt; es zeigte keine Spuren eines Bruches. Sogleich tröstete er die Amme mit freundlichen Worten und gab ihr das Sieb, das er zerbrochen an sich genommen hatte, unversehrt zurück.

Dieses Ereignis wurde dort allen bekannt und erregte solche Verwunderung, dass die Einwohner des Ortes das Sieb beim Eingang der Kirche aufhängten. Jetzt und später sollten alle erfahren, wie vollkommen der junge Benedikt in der Kraft der Gnade sein Mönchsleben begann. Viele Jahre war das Sieb dort vor aller Augen und hing noch bis zur Zeit der Langobarden über der Kirchentür (Dial. II, 1–2).

Das gemeinsame Ostermahl

Der Herr erschien einem Priester, der etwas entfernt von Benedikts Behausung wohnte und sich am Osterfest ein Mahl bereitet hatte, im Traumgesicht und sagte: „Du bereitest dir Köstlichkeiten und mein Diener wird dort von Hunger gequält.“

Der Priester stand sofort auf und eilte mit den Speisen, die er für sich bereitet hatte, zu dem Ort. Nach gemeinsamem Gebet und unter Lobpreis des allmächtigen Gottes setzten sie sich nieder und sprachen vertrauensvoll miteinander über ihr geistliches Leben.

Schließlich sagte der Priester: „Komm, lasst uns miteinander essen, denn heute ist Ostern." Der Gottesmann antwortete ihm: „Ich weiß, dass Ostern ist, weil mir geschenkt wurde, dich zu sehen." Sie lobten also Gott und aßen (Dial. II, 1).

Der Mönch, der nicht beten mochte

In einem von Benedikts Klöstern befand sich ein Mönch, der nicht beim Gebet bleiben mochte, und wenn die anderen beteten, ging er hinaus. Darüber beklagte sich der Abt bei Sankt Benedikt. Der kam und sah, wie ein schwarzes Kind den Mönch jedes Mal am Saum seines Kleides mit sich zog, wenn er dem Gebet obliegen wollte.

Da sprach Sankt Benedikt zu dem Abt und einem anderen Mönch: „Seht ihr nicht, wer diesen vom Gebet wegzieht?" Sie antworteten: „Nein". Da sprach Sankt Benedikt: „So wollen wir Gott bitten, dass ihr es auch seht." Und als sie gebetet hatten, sahen alle das schwarze Kind.

Am anderen Tage nach dem Gebet fand Sankt Benedikt den Mönch wieder draußen vor der Tür. Da schlug er ihn um seiner Blindheit willen mit der Rute und von da an blieb der Mönch ohne Hindernis bei seinem Gebet. Der böse Geist war aus seinen Gedanken vertrieben, als wäre er selbst von einem Schlag der Rute getroffen worden (Dial. II, 4,1–3).

Wasser aus dem Felsen

Drei Klöster, die Benedikt errichtet hatte, lagen weit oben in den Felsen des Gebirges. Für die Brüder war es sehr mühsam, jedes Mal zum See hinabzusteigen, um Wasser zu schöpfen. Vor allem die steil abfallende Bergwand war sehr gefährlich und machte ihnen beim Abstieg Angst.

So kamen die Brüder aus diesen drei Klöstern gemeinsam zum Diener Gottes Benedikt. Sie sagten: „Es ist sehr mühsam für uns, jeden Tag zum See hinabzusteigen, um Wasser zu holen. Die Klöster müssen unbedingt von dort verlegt werden."

Benedikt tröstete sie liebevoll und entließ sie. In der folgenden Nacht stieg er mit dem jungen Placidus ... auf die Felsenhöhe. Dort betete er sehr lange. Nach dem Gebet legte er an dieser Stelle als Erkennungszeichen drei Steine übereinander. Dann kehrte er in sein Kloster zurück, ohne dass dort oben jemand etwas bemerkt hatte.

Am anderen Tag kamen die Brüder wegen der Mühsal des Wasserholens wieder zu ihm. Benedikt sagte: „Geht! Wo ihr drei aufeinandergelegte Steine findet, dort höhlt den Felsen ein wenig aus. Der allmächtige Gott kann doch auch auf jenem Berggipfel Wasser hervorsprudeln lassen, um euch die Mühsal des Weges zu ersparen."

Sie stiegen wieder hinauf und fanden den Felsen, den Benedikt gekennzeichnet hatte. Da er schon feucht wurde, schlugen sie ein Loch, das sich sofort mit Wasser füllte. Das Wasser floss so stark, dass es bis heute reichlich hinabströmt und sich vom Gipfel des Berges ins Tal ergießt (Dial. II, 5,1–3).

Das versunkene Sichelmesser

Ein Gote kam zu Benedikt, ein Armer im Geiste, und wollte Mönch werden. Von Herzen gern nahm ihn der Gottesmann auf.

Eines Tages ließ er dem Goten ein Sichelmesser geben. Er sollte damit am Seeufer Dornengesträuch aushauen. Während er sich unter Aufbietung all seiner Kräfte mühte, das Dornengesträuch auszuhauen, löste sich plötzlich das Eisen vom Handgriff und fiel in den See, gerade da, wo das Wasser so tief war, dass keine Hoffnung bestand, es wiederzufinden.

Der Gote lief zitternd zum Mönch Maurus und meldete den angerichteten Schaden. Als Benedikt davon hörte, ging er selbst hinaus, nahm dem Goten den Griff aus der Hand und hielt ihn in den See. Alsbald kam das Eisen aus der Tiefe zurück und fügte sich dem Griff wieder ein.

Sogleich gab der Gottesmann dem Goten das Werkzeug zurück. „Da schau", sagte er zu ihm, „arbeite und sei nicht traurig!" (Dial. II, 6,1–2).

Der Gang über das Wasser

Eines Tages weilte der heilige Benedikt in seiner Zelle. Der ... junge Placidus aus dem Kloster des heiligen Mannes ging an den See, um Wasser zu holen. Aus Unachtsamkeit ließ er das Gefäß, das er in Händen hielt, ins Wasser fallen und stürzte sogar selbst hinein. Sogleich erfasste ihn eine Woge und riss ihn etwa einen Pfeilschuss weit vom Ufer weg.

Doch der Mann Gottes erkannte das sofort in seiner Zelle und rief Maurus eilends herbei: „Bruder Maurus, lauf schnell! Der Knabe ist beim Wasserholen in den See gefallen und eine Woge treibt ihn schon weit hinaus!"

Etwas Wunderbares geschah, wie man es seit dem Apostel Petrus (vgl. Mt 14,28.29) nicht mehr erlebt hatte. Maurus erbat und empfing den Segen, lief auf Befehl seines Abtes sofort bis zu der Stelle, wo die Woge den Knaben Placidus dahintrieb. Er glaubte auf festem Boden zu gehen und lief doch über das Wasser. Da packte er ihn an den Haaren und lief zurück, so schnell er konnte. Kaum war er am Ufer, kam er zu sich, blickte zurück und erkannte, dass er über das Wasser gelaufen war. Was er niemals für möglich gehalten hätte, war zu seiner Verwunderung und Bestürzung geschehen.

Er kam zum Abt zurück und erzählte, was sich ereignet hatte. Der heilige Mann Benedikt aber schrieb das nicht seinem eigenen Verdienst zu, sondern dem Gehorsam des anderen. Maurus jedoch behauptete, es sei nur auf Befehl Benedikts geschehen, er sei sich dabei keiner eigenen Kraft bewusst gewesen und habe unbewusst gehandelt. Diesen freundschaftlichen Wettstreit beider in der Demut entschied der gerettete Knabe. Er sagte: „Als ich aus dem Wasser gezogen wurde, sah ich über meinem Kopf den Umhang des Abtes und für mich war er es, der mich aus dem Wasser zog“ (Dial. II, 7,1–3).

Der Rabe und das vergiftete Brot

Der heilige Benedikt besaß aus seinen Jahren als Einsiedler einige gezähmte Raben, die im Kloster lebten – es sind solche übrigens noch heute in Subiaco bei den Mönchen zu finden.

Als der böse Priester Florentius nun dem Heiligen ein vergiftetes Brot sandte, empfing Benediktus es mit Dank. Doch gab er es seinem Raben, der aus seiner Hand zu fressen pflegte, und sprach: „Im Namen Jesu Christi, nimm das Brot und trage es an einen Ort, wo es kein Menschen finden kann!“

Da sperrte der Rabe seinen Schnabel auf und breitete seine Flügel aus und fing an, um das Brot herumzuhüpfen und zu krächzen, als könne er das Gebot nicht vollbringen.

Aber der Heilige befahl es ihm zum zweiten und dritten Mal und sprach: „Sei ohne Furcht und trage es, wohin ich dir gesagt habe!“ Da nahm der Rabe das Brot in seinen Schnabel und trug es fort. Nach drei Tagen kehrte er zurück und nahm sein Futter aus Benedikts Hand, wie er es gewöhnt war (Dial. II, 8).

Buße für Bruder Maurus

Der ehrwürdige Vater sah, dass der Priester (Florentius) ihm nach dem Leben trachtete, empfand dabei aber mehr Schmerz um ihn als um sich selber. Er wich dem Neid und wechselte den Wohnsitz zusammen mit einigen seiner Mönche.

Kaum hatte sich der Gottesmann in seiner Demut dem Hass des anderen gebeugt, ließ der allmächtige Gott diesen auf schreckliche Weise sterben. Maurus, der Schüler des Gottesmannes, meinte, das müsse dem ehrwürdigen Vater Benedikt sofort mitgeteilt werden. Maurus ließ ihm sagen: „Kehre zurück, denn der Priester, der dich verfolgt hat, ist nicht mehr."

Als der Gottesmann Benedikt das hörte, klagte er sehr: zum einen, weil sein Feind dahingerafft war, zum anderen, weil sein Schüler über den Tod des Feindes jubelte. So kam es, dass er auch dem Maurus eine Buße auferlegte, weil er es gewagt hatte, sich bei der Nachricht vom Tod des Feindes zu freuen (Dial. II, 8).

Der unbewegliche Stein

Eines Tages waren die Brüder gerade dabei, die Wohnräume des Klosters zu errichten, da lag in der Mitte des Bauplatzes ein Stein. Den wollten sie in das Mauerwerk einfügen. Zwei oder drei konnten ihn nicht bewegen, und auch als viele anfassten, blieb er so unbeweglich, als wäre er im Erdboden verwurzelt.

Da wurde ganz klar, dass der Alte Feind selbst sich auf ihn gesetzt hatte; konnten ihn doch die Hände so vieler Männer nicht von der Stelle bewegen. In dieser Schwierigkeit schickten sie zum Mann Gottes, er möge kommen und durch sein Gebet den Feind vertreiben, damit sie den Stein emporheben könnten.

Benedikt kam sofort, betete und gab den Segen. Da ließ sich der Stein so schnell heben, als wäre er zuvor nicht so schwer gewesen (Dial. II, 9,1).

Die Erweckung eines Mönchs

Als die Mönche für ihren Klosterbau schon eine ganz hohe Wand errichtet hatten, kam der Teufel und warf die Wand um und erschlug darunter einen jungen Mönch, den Sohn eines Hofbeamten. Sankt Benedikt aber hieß den Mönch in einem Sack, tot und zerquetscht wie er war, vor sich tragen. Er erweckte ihn mit seinem Gebet und sandte ihn wieder an die Arbeit (Dial. II, 11,1–2).

Die Mahlzeit außerhalb des Klosters

Es war Brauch im Kloster, dass Brüder, die zu Besorgungen ausgingen, außerhalb des Klosters weder Speise noch Trank annahmen. Diese Regel wurde sorgfältig eingehalten.

Eines Tages gingen Brüder zu einer Besorgung hinaus und hatten bis zu später Stunde zu tun. Sie kamen auf den Gedanken, bei einer gottgeweihten Frau einzukehren; sie traten in ihr Haus und ließen sich bewirten.

Als sie dann später als sonst ins Kloster zurückkamen, baten sie wie üblich den Vater um den Segen. Doch dieser fragte sie gleich: „Wo habt ihr gegessen?“ – „Nirgends“, antworteten sie. Da sagte er zu ihnen: „Warum lügt ihr? Seid ihr nicht bei der und der Frau ins Haus gegangen? Habt ihr dort nicht das und das gegessen und so und so viele Becher getrunken?“ So sagte ihnen der ehrwürdige Vater die Einkehr bei der Frau, die verschiedenen Speisen und die Zahl der Becher auf den Kopf zu.

Da wurde ihnen bewusst, was sie getan hatten. Zitternd fielen sie vor ihm nieder und gestanden ihr Vergehen ein, aber er verzieh ihnen auf der Stelle. Er war überzeugt, dass sie dies nicht noch einmal in seiner Abwesenheit tun würden, wussten sie doch, dass er im Geist bei ihnen war (Dial. II, 12,1–2).

Das gebrochene Fasten

Der Bruder des Mönchs Valentinianus ... war Laie, aber er führte ein gottgeweihtes Leben. Um den Segen des Dieners Gottes zu empfangen und um seinen leiblichen Bruder zu besuchen, begab er sich jedes Jahr von seinem Wohnort zum Kloster und fastete dabei.

Eines Tages war er wieder auf dem Weg zum Kloster; da schloss sich ihm ein Wanderer an, der Verpflegung für unterwegs bei sich hatte.

Als sich die Zeit hinzog, sagte dieser: „Komm, Bruder, damit wir auf dem Weg nicht matt werden, wollen wir etwas essen!" Er antwortete: „Das tue ich auf keinen Fall; denn ich pflege immer zu fasten, wenn ich zum ehrwürdigen Vater Benedikt gehe." Auf diese Antwort hin schwieg der Weggefährte eine Zeit lang.

Nachdem sie ein Stück weitergegangen waren, forderte er ihn wieder zum Essen auf; dieser aber wollte nicht, da er entschlossen war, bis zum Ziel am Fasten festzuhalten. Der andere sagte nach dieser Einladung nichts und ging noch ein Stück weit mit, ohne etwas zu essen. Als sie den Weg fortsetzten, wurde ihnen das Gehen immer beschwerlicher, je mehr die Zeit vorrückte.

Da kamen sie zu einer Wiese mit einer Quelle und mit allem, was man sich für eine erholsame Rast wünschen konnte. „Schau", sagte der Weggefährte, „da ist Wasser, eine Wiese und ein angenehmer Platz, wo wir uns stärken und ein wenig ausruhen können; danach werden wir mit neuen Kräften unseren Weg wohlbehalten zu Ende bringen." Diese Worte und der Platz verlockten Ohr und Auge. Da ließ sich der Bruder des Mönchs Valentinianus bei der dritten Aufforderung überreden, er gab nach und aß.

Am Abend kam er zum Kloster. Er trat vor den ehrwürdigen Vater Benedikt hin und bat ihn um das Segensgebet. Doch sogleich hielt ihm der heilige Mann vor, was er unterwegs getan hatte: „Was ist denn mit dir, Bruder? Der Alte Feind, der durch deinen Weggefährten zu dir gesprochen hat, konnte dich beim ersten Mal nicht überreden, auch beim zweiten Mal nicht; aber beim dritten Mal gelang es ihm. Er hat dich besiegt und dir seinen Willen aufgezwungen."

Da wurden ihm sein Versagen und seine Willensschwäche bewusst; er warf sich Benedikt zu Füßen und beweinte seine Schuld. Seine Scham war deshalb so tief, weil er erkannte, dass sein Fehler zwar in der Ferne, aber dennoch vor den Augen des Vaters Benedikt geschehen war (Dial. II, 13,1–3).

Die Bekehrung des Ostgotenkönigs Totila

Eines Tages begab sich Ostgotenkönig Totila (541–552) zum Gottesmann Benedikt. Der Diener unseres Herrn Jesus Christus hielt ihm seine Taten vor und sagte ihm mit wenigen Worten alles voraus, was auf ihn zukommen werde:

„Du tust viel Böses und du hast viel Böses getan. Lass endlich ab von deiner Bosheit! In Rom wirst du einziehen, übers Meer wirst du fahren und neun Jahre lang herrschen, im zehnten Jahr wirst du sterben."

Was er da hören musste, erfüllte den König mit Schrecken; er erbat einen Segen, zog sich zurück und zeigte sich von Stund an weniger grausam (Dial. II, 15,1–2).

Der uneinsichtige Kleriker

Damals wurde ein Kleriker der Kirche von Aquino von einem bösen Geist gequält. Der ehrwürdige Constantius, der Bischof dieser Kirche, hatte ihn schon zu den Grabstätten vieler Märtyrer geschickt, damit er dort Heilung finde. Die heiligen Märtyrer wollten ihm aber die Gesundheit nicht schenken; es sollte deutlich werden, welch große Gnadengabe Benedikt besaß.

Man brachte den Mann also zu Benedikt, dem Diener des allmächtigen Gottes. Dieser flehte zum Herrn Jesus Christus und auf der Stelle trieb er den Alten Feind aus dem Besessenen aus. Den Geheilten aber wies er an: „Geh und iss von nun an kein Fleisch mehr! Untersteh dich, jemals nach einer heiligen Weihe zu streben! Solltest du aber eines Tages so vermessen sein und es trotzdem wagen, dich weihen zu lassen, wirst du auf der Stelle wieder der Gewalt des Teufels verfallen!"

Der Kleriker ging gesund nach Hause. Zunächst befolgte er alles, was ihm der Mann Gottes aufgetragen hatte; denn eine gerade angedrohte Strafe versetzt den Menschen in Schrecken.

Im Lauf der Jahre starben nun alle älteren Kleriker und er musste mit ansehen, dass Jüngere durch die Erteilung der heiligen Weihen einen höheren Rang erhielten als er. Da achtete er nicht mehr auf das, was ihm der Mann Gottes einst gesagt hatte. Als hätte er es nach so langer Zeit vergessen, bewarb er sich um die heilige Weihe. Sogleich ergriff ihn der Teufel wieder, der ihn verlassen hatte, und peinigte ihn so lange, bis er starb (Dial. II, 16,1–2).

Die eiserne Kette

Der Einsiedler Martinus band seinen Fuß mit einer eisernen Kette an einen Felsen, damit er sich nicht weiter entfernen konnte, als die Länge der Kette es zuließ.

Als der ehrwürdige Mann Benedikt das hörte, ließ er ihm durch einen seiner Schüler ausrichten: „Wenn du ein Diener Gottes bist, dann soll dich nicht die Kette aus Eisen, sondern die Kette Christi halten."

Daraufhin löste Martinus sogleich seine Fußfessel und ohne Kette beschränkte er sich fortan auf den Raum, in dem er sich zuvor in seinen Fesseln bewegt hatte (Dial. II, 16,9).

Die Zerstörung von Montecassino

Ein vornehmer Mann namens Theoprobus war den Mahnungen des Vaters Benedikt gefolgt und wurde Asket. Er führte ein vorbildliches Leben und genoss deshalb sein großes Vertrauen. Eines Tages kam er in Benedikts Zelle und sah, wie er bitter weinte. Er wartete lange und merkte, dass die Tränen kein Ende nahmen. Der Mann Gottes weinte, nicht wie er es bisweilen beim Beten tat, sondern aus großem Kummer. Da fragte er ihn nach dem Grund seiner Trauer.

Der Mann Gottes erwiderte: „Dieses ganze Kloster, das ich erbaut habe, und alles, was ich für die Brüder eingerichtet habe, ist nach dem Ratschluss des allmächtigen Gottes fremden Völkern preisgegeben. Nur mit Mühe habe ich erreichen können, dass mir das Leben der Brüder zugestanden wurde" (Dial. II, 17,1).

Der gestohlene Wein

Eines Tages wurde der Diener Exhilaratus ... von seinem Herrn beauftragt, dem Mann Gottes zwei Holzgefäße mit Wein, so genannte Flascones, in das Kloster zu bringen. Er überbrachte aber nur eines, das andere hatte er unterwegs versteckt.

Dem Mann Gottes konnte jedoch nicht verborgen bleiben, was in der Ferne geschehen war. Er nahm das eine Gefäß mit Dank an, mahnte aber den Diener beim Weggehen: „Gib Acht, mein Sohn, trink nicht aus dem Gefäß, das du versteckt hast! Halte es vorsichtig schräg! Du wirst schon sehen, was drin ist."

Ganz verwirrt nahm der Diener Abschied von dem Mann Gottes. Auf dem Rückweg wollte er überprüfen, was ihm gesagt worden war. Als er das Fässchen schräg hielt, schlüpfte eine Schlange heraus. Der Diener Exhilaratus geriet durch diesen Fund in großen Schrecken über seine böse Tat (Dial. II, 18,1).

Das versteckte Geschenk

Nicht weit vom Kloster lag ein Dorf. Dort hatten sich viele Menschen durch die Predigt Benedikts vom Götzendienst zum Glauben an Gott bekehrt. Hier wohnten auch einige gottgeweihte Frauen. Um ihnen geistlichen Zuspruch zu geben, schickte der Diener Gottes Benedikt immer wieder seine Brüder dorthin.

Eines Tages sandte er wie üblich einen Mönch zu ihnen. Nachdem dieser die gottgeweihten Frauen unterwiesen hatte, nahm er auf ihr Drängen hin einige Tüchlein an und versteckte sie an seiner Brust.

Sobald er zurückgekehrt war, begann der Mann Gottes ihm heftige und bittere Vorwürfe zu machen und sagte: „Wie ist das Unrecht an deine Brust gekommen?" Der Mönch war ganz erstaunt, hatte er doch vergessen, was er getan hatte; er wusste gar nicht, weshalb er getadelt wurde. Da sagte Benedikt zu ihm: „War ich denn nicht zugegen, als du von den Dienerinnen Gottes die Tüchlein angenommen und an deiner Brust versteckt hast?"

Der Mönch fiel sofort vor ihm nieder, bereute sein törichtes Handeln und warf die Tüchlein weg, die er an seiner Brust versteckt hatte (Dial. II, 19,1–2).

Der stolze Tischdiener

Als einmal der ehrwürdige Vater beim Abendessen saß, stand einer seiner Mönche, der Sohn eines höheren Beamten, an seinem Tisch und hielt ihm das Licht.

Während der Mann Gottes aß und dieser Mönch neben ihm stand, um ihm zu leuchten, erfasste ihn der Geist des Stolzes, und er begann in seinem Herzen still zu überlegen und sich in Gedanken zu sagen: „Wer ist denn der da, dem ich beim Essen aufwarten, die Lampe halten und ihm dienen muss? Wer bin ich, dass ich diesem da dienen soll?" Sofort wandte sich der Mann Gottes dem Mönch zu und tadelte ihn heftig: „Bezeichne dein Herz mit dem Kreuz, Bruder! Was redest du da? Bezeichne dein Herz mit dem Kreuz!"

Sogleich rief Benedikt Brüder und wies sie an, dem Tischdiener die Lampe aus der Hand zu nehmen. Dem Bruder aber befahl er, den Dienst abzugeben und sich die übrige Zeit ruhig hinzusetzen.

Die Brüder fragten ihn, was er im Herzen gedacht habe. Da erzählte er der Reihe nach, wie sehr der Geist des Stolzes ihn aufgebläht und welche Worte gegen den Mann Gottes er in seinen innersten Gedanken gesprochen habe.

Nun wurde allen klar, dass dem heiligen Benedikt nichts verborgen bleiben konnte; denn sein Ohr hörte auch Worte, die nur in Gedanken gesprochen wurden (Dial. II, 20,1–2).

Die Hungersnot

Ein andermal war in dieser Gegend Kampaniens eine Hungersnot ausgebrochen. Großer Mangel an Lebensmitteln bedrängte alle, auch im Kloster Benedikts fehlte bereits der Weizen. Fast alle Brote waren schon verzehrt, sodass für die Mahlzeit der Brüder nur noch fünf vorhanden waren.

Da nun der ehrwürdige Vater sah, wie niedergedrückt die Brüder waren, suchte er sie wegen ihres Kleinmutes durch sanften Tadel zurechtzuweisen und durch eine Verheißung aufzurichten: „Warum seid ihr traurig, weil ihr kein Brot habt? Heute gibt es zwar nur wenig, morgen jedoch werdet ihr im Überfluss haben."

Am folgenden Tag fand man zweihundert Scheffel Mehl in zwei Säcken vor der Pforte des Klosters. Bis heute weiß niemand, durch wen der allmächtige Gott sie hatte bringen lassen.

Als die Brüder das sahen, dankten sie Gott. So lernten sie aus der Erfahrung der Fülle, in der Not nicht zu verzweifeln (Dial. II, 21,1–2).

Der Bauplan des Klosters Terracina

Eines Tages wurde Benedikt von einem frommen Mann gebeten, er solle Mönche auf sein Landgut in der Nähe der Stadt Terracina schicken und dort ein Kloster errichten.

Benedikt entsprach der Bitte, bestimmte die Brüder dazu, setzte einen Abt für sie ein und benannte dessen Stellvertreter. Als sie aufbrachen, versprach er ihnen: „Geht! An dem und dem Tag komme ich und zeige euch, wo ihr das Oratorium, den Speisesaal für die Brüder, die Unterkunft für die Gäste und alles sonst noch Notwendige erhauen sollt." Nachdem sie den Segen empfangen hatten, machten sie sich sofort auf den Weg. Voll Ungeduld warteten sie auf den festgesetzten Tag und bereiteten alles Notwendige für jene vor, die mit dem verehrten Vater kommen könnten.

In der Nacht, bevor noch der festgesetzte Tag heraufdämmerte, erschien Benedikt jenem Diener Gottes, den er als Abt dort eingesetzt hatte, und dem Prior im Traum und bezeichnete genau, wo die einzelnen Gebäude errichtet werden sollten. Als die beiden vom Schlaf aufgestanden waren, berichteten sie einander, was sie gesehen hatten. Dennoch trauten sie dieser Schau nicht recht und warteten auf das Kommen des Mannes Gottes, wie er es ihnen versprochen hatte.

Als Benedikt am vereinbarten Tag nicht gekommen war, kehrten sie traurig zu ihm zurück und sagten: „Vater, wir haben erwartet, du kämest, wie du versprochen hattest, um uns zu zeigen, wo wir die Gebäude errichten sollten; und du bist nicht gekommen."

Da sprach er zu ihnen: „Warum, meine Brüder, warum sagt ihr das? Bin ich wirklich nicht gekommen, wie ich es versprochen hatte?" Als sie ihn fragten: „Wann bist du denn gekommen?", sagte er: „Bin ich euch beiden nicht im Traum erschienen und habe ich nicht die einzelnen Bauplätze bezeichnet? Geht und errichtet alle Wohnräume des Klosters so, wie ihr es in der Schau wahrgenommen habt!" Als sie das hörten, staunten sie sehr, kehrten zum Landgut zurück und bauten alle Gebäude so, wie es ihnen offenbart worden war (Dial. II, 22,1–3).

Der unbeerdigte Mönch

Ein ganz junger Mönch, der seine Eltern über alle Maßen liebte und den es nach Hause zog, verließ eines Tages das Kloster ohne den Segen des Abtes. Kaum war er bei seinen Eltern angekommen, starb er noch am gleichen Tag. Nachdem er begraben worden war, fand man am folgenden Tag den Leichnam aus dem Grab herausgeworfen. Man ließ ihn wieder begraben. Aber tags darauf fanden sie ihn erneut herausgeworfen und unbeerdigt wie zuvor.

Da eilten die Eltern sogleich zum Vater Benedikt, warfen sich ihm zu Füßen und baten ihn laut weinend, er möge ihrem Sohn doch sein Wohlwollen zeigen. Der Mann Gottes gab ihnen ohne Zögern eigenhändig den Leib des Herrn und sagte: „Geht und legt den Leib des Herrn auf seine Brust und begrabt ihn so!"

Als dies geschehen war, behielt die Erde seinen Leichnam und warf ihn nicht wieder heraus (Dial. II, 24,1–2).

Der unbeständige Mönch

Ein ... Mönch war wankelmütig geworden und wollte nicht mehr im Kloster bleiben. Der Mann Gottes wies ihn unermüdlich zurecht und ermahnte ihn immer wieder.

Der Mönch wollte aber um keinen Preis mehr in der Klostergemeinschaft ausharren. Als er mit zudringlichen Bitten seine Entlassung verlangte, wurde der ehrwürdige Vater eines Tages des unablässigen Drängens überdrüssig und befahl ihm voller Zorn zu gehen.

Kaum hatte der Mönch das Kloster verlassen, da sah er auf dem Weg einen Drachen mit aufgesperrtem Rachen auf sich zukommen. Als ihn der Drache, die ihm erschienen war, verschlingen wollte, fing er an zu zittern und zu beben und schrie laut: „Hilfe! Hilfe! Der Drache will mich verschlingen!“ Die Brüder eilten herbei, sahen aber keinen Drachen.

Da führten sie den schlotternden Mönch ins Kloster zurück. Er versprach auf der Stelle, nie mehr das Kloster zu verlassen. Und von jener Stunde an blieb er seinem Versprechen treu. Denn durch das Gebet des heiligen Mannes hatte er den Drachen gesehen, der auf ihn losstürzte; vorher war er ihm gefolgt, ohne ihn zu sehen (Dial. II, 25,1–2).

Die Heilung eines Kranken

Ich möchte nicht verschweigen, was mir der vornehme Aptonius erzählt hat. Ein Diener seines Vaters war von einer schweren Krankheit, der so genannten Elephantiasis, befallen. Die Haare fielen ihm aus, die Haut schwoll an und eiterte immer stärker.

Der Kranke wurde vom Vater des Aptonius zum Mann Gottes geschickt und in kurzer Zeit war er wieder gesund wie zuvor (Dial. II, 26,1).

Die Hilfe für einen Schuldner

Ein frommer Mann war eines Tages so in Schulden geraten, dass er keinen anderen Ausweg mehr sah, als zum Mann Gottes zu gehen und ihm zu sagen, welch große Schulden ihn belasteten. Er kam also zum Kloster, fand den Diener des allmächtigen Gottes und vertraute ihm an, dass er von seinem Gläubiger wegen des Betrags von zwölf Goldstücken hart bedrängt werde.

Der ehrwürdige Vater antwortete ihm, er habe keine zwölf Goldstücke. Doch tröstete er ihn in seiner Notlage mit freundlichen Worten: „Geh und komm in zwei Tagen wieder! Denn heute kann ich dir nicht helfen."

In diesen zwei Tagen vertiefte sich Benedikt nach seiner Gewohnheit ins Gebet. Als der Mann, der wegen seiner Schulden in Not geraten war, am dritten Tag wiederkam, fand man unvermutet auf einem vollen Kornkasten des Klosters dreizehn Goldstücke.

Der Mann Gottes ließ sie bringen, übergab sie dem Notleidenden und sagte zu ihm, er könne mit zwölf seine Schulden bezahlen und eines für seine persönlichen Ausgaben verwenden (Dial. II, 27,1).

Die Heilung eines Aussätzigen

Ein Mann hatte unter heftiger Missgunst seines Feindes zu leiden. Dieser ging in seinem Hass so weit, dass er ihm heimlich Gift ins Getränk mischte. Dies kostete ihm zwar nicht das Leben, dennoch veränderte sich die Farbe seiner Haut derart, dass sich auf seinem Körper verschiedene Flecken zeigten, die wie Aussatz wirkten.

Man führte ihn zum Mann Gottes und schnell erlangte er wieder die frühere Gesundheit. Denn sobald Benedikt ihn berührte, verschwanden alle Flecken auf seiner Haut (Dial. II, 27,3).

Die unversehrte Ölflasche

Zur selben Zeit wurde Kampanien von einer schweren Hungersnot heimgesucht. Der Mann Gottes hatte alle Vorräte des Klosters an verschiedene Notleidende verteilt, sodass fast nichts in der Vorratskammer zurückgeblieben war, nur ein wenig Öl in einer Flasche.

Da kam der Subdiakon Agapitus und bat inständig darum, man möge ihm etwas Öl geben. Der Mann Gottes war fest dazu entschlossen, auf Erden alles auszuteilen, damit alles aufbewahrt sei im Himmel. Darum befahl er, man solle die Bitte des Subdiakons erfüllen und auch den Rest des Öls geben, der noch übrig war. Der Mönch, der für die Vorratskammer zuständig war, hörte zwar den Auftrag, zögerte aber, ihn auszuführen.

Kurz darauf fragte Benedikt, ob er gegeben habe, was ihm befohlen war. Der Mönch antwortete, er habe es nicht gegeben; denn wenn er dies hergäbe, bliebe für die Brüder überhaupt nichts mehr.

Da geriet Benedikt in Zorn und befahl anderen Brüdern, sie sollten jene Flasche, in der noch das wenige Öl war, zum Fenster hinauswerfen. Durch Ungehorsam sollte nichts im Kloster bleiben. So geschah es. Unter dem Fenster war ein gewaltiger Abgrund mit Felsvorsprüngen. Die Flasche fiel auf die Felsen, blieb aber unversehrt, als wäre sie überhaupt nicht hinabgeworfen worden. Sie zerbrach nicht und das Öl war nicht verschüttet.

Der Mann Gottes befahl nun, sie aufzuheben und unversehrt, wie sie war, dem Subdiakon zu geben. Anschließend ließ er die Brüder zusammenkommen und wies den ungehorsamen Mönch in Anwesenheit aller zurecht wegen seines Unglaubens und seines Stolzes (Dial. II, 28,1–2).

Die Heilung von Besessenheit

Als Benedikt sich eines Tages zum Oratorium des hl. Johannes begab, das auf der Höhe des Berges stand, begegnete ihm der Alte Feind in Gestalt eines Tierarztes, der ein Trinkhorn und eine Fußfessel bei sich trug. Benedikt fragte ihn: „Wohin gehst du?“ Jener erwiderte: „Ich gehe zu den Brüdern, um ihnen einen Trank zu reichen.“

Daraufhin ging der ehrwürdige Benedikt zum Gebet, kehrte aber anschließend sofort zurück. Der Böse Geist hatte inzwischen einen älteren Mönch getroffen, der Wasser trank. Sogleich fuhr er in ihn, warf ihn zu Boden und quälte ihn heftig.

Als der Mann Gottes bei der Rückkehr vom Gebet sah, dass dieser so grausam gequält wurde, gab er ihm lediglich einen Schlag auf die Wange. Damit vertrieb er den Bösen Geist aus ihm, sodass dieser nicht wieder zu ihm zurückzukehren wagte (Dial. II, 30,1).

Der grausame Gote

Ein Gote, der Zalla hieß, gehörte dem arianischen Irrglauben an. Zur Zeit des Gotenkönigs Totila wütete er mit unmenschlicher Grausamkeit gegen die gottgeweihten Männer der katholischen Kirche. Sooft ihm ein Kleriker oder Mönch unter die Augen kam, konnte er seinen Händen nicht lebend entrinnen. Eines Tages riss ihn die Glut der Habgier hin; auf der Jagd nach Beute folterte er grausam einen Bauern und misshandelte ihn mit ausgesuchten Peinigungen. Unter dem Druck der Qualen erklärte der Bauer, er habe seinen Besitz dem Diener Gottes Benedikt übergeben. Denn er hoffte, dass der Peiniger das glaubte und von der Grausamkeit ablasse. So wollte er Zeit gewinnen, um am Leben zu bleiben.

Da hörte Zalla endlich auf, den Bauern zu foltern; er fesselte seine Arme mit festen Riemen und trieb ihn vor seinem Pferd her. Er solle ihm diesen Benedikt zeigen, der sein Eigentum erhalten habe. Mit gebundenen Armen ging der Bauer voran, führte ihn zum Kloster des heiligen Mannes und traf ihn dort an. Benedikt saß allein vor dem Eingang des Klosters und las. Der Bauer sagte zu Zalla, der ihm wütend folgte: „Siehe, da ist er, von dem ich gesprochen habe, der Vater Benedikt."

Wutentbrannt und in heilloser Verblendung blickte Zalla ihn an. Er glaubte wie immer, durch Einschüchterung sein Ziel zu erreichen. Mit lauter Stimme schrie er: „Auf! Steh auf und gib her, was du von diesem Bauern bekommen hast!"

Auf dieses Geschrei hin blickte der Mann Gottes sogleich von seiner Lesung auf, schaute ihn an und wurde auch auf den gefesselten Bauern aufmerksam. Kaum hatte er die Augen auf dessen Arme gerichtet, da fielen die Fesseln auf wunderbare Weise so schnell ab, wie Menschen sie so rasch nie hätten lösen können.

Der gebunden gekommen war, stand plötzlich befreit da; zitternd vor der Kraft solcher Vollmacht, stürzte Zalla zu Boden. Er ließ von seiner rohen Grausamkeit und beugte seinen Nacken; er warf sich Benedikt zu Füßen und empfahl sich seinem Gebet. Der heilige Mann aber erhob sich nicht von der Lesung, sondern rief Brüder und ließ ihn ins Kloster hineinführen, um ihm gesegnetes Brot anzubieten. Als er zu ihm zurückgebracht wurde, ermahnte er ihn, von seiner heillosen Grausamkeit abzulassen. Tief erschüttert ging Zalla fort und wagte nicht mehr, von dem Bauern etwas zu fordern, den der Mann Gottes nicht durch Berührung, sondern durch einen Blick befreit hatte (Dial. II, 31,1–3).

Die Erweckung des toten Knaben

Eines Tages war Benedikt mit den Brüdern zur Feldarbeit hinausgegangen. Da kam ein Bauer zum Kloster und trug seinen toten Sohn auf den Armen. Von Trauer über den Verlust aufgewühlt, fragte er nach dem Vater Benedikt. Als man ihm sagte, er sei mit den Brüdern auf dem Feld, legte er den Leichnam seines Sohnes vor den Eingang des Klosters, und von Schmerz verstört, stürzte er davon, um den ehrwürdigen Vater zu suchen.

Zur selben Stunde war der Mann Gottes mit den Brüdern schon auf dem Heimweg von der Feldarbeit. Sobald der Bauer, der seinen Sohn verloren hatte, ihn sah, schrie er: „Gib mir meinen Sohn zurück, gib mir meinen Sohn zurück!" Bei diesem Aufschrei blieb der Mann Gottes stehen und sagte: „Habe denn ich dir deinen Sohn genommen?" Jener erwiderte ihm: „Er ist tot! Komm, mach ihn wieder lebendig!"

Als der Diener Gottes dies hörte, wurde er sehr traurig und sagte: „Geht, liebe Leute, geht! Das ist nichts für uns, sondern für die heiligen Apostel. Warum wollt ihr uns Lasten aufbürden, die wir nicht tragen können?"

Heftiger Schmerz aber drängte den Bauern, sodass er nicht von seiner Bitte abließ; er beteuerte, erst dann fortzugehen, wenn Benedikt seinen Sohn wieder lebendig gemacht habe. Da fragte ihn der Diener Gottes: „Wo ist er?" Jener antwortete: „Sein Leib liegt vor dem Eingang des Klosters."

Als der Mann Gottes mit den Brüdern dort angekommen war, kniete er nieder und legte sich über den kleinen Leib des Kindes; dann richtete er sich auf, erhob die Hände zum Himmel und betete: „Herr, schau nicht auf meine Sünden, sondern auf den Glauben dieses Mannes, der darum bittet, dass sein Sohn auferweckt werde, und gib diesem kleinen Leib die Seele zurück, die du ihm genommen hast!"

Kaum hatte er das Gebet beendet, da kam das Leben zurück und der kleine Knabe begann am ganzen Leib zu beben. Alle Anwesenden sahen mit eigenen Augen, wie er auf wunderbare Weise sich regte und bewegte. Sogleich fasste Benedikt den Knaben an der Hand und gab ihn seinem Vater lebend und gesund zurück (Dial. II, 32,1–3).

Das letzte Geschwistergespräch

Scholastika, die Schwester Benedikts, wohnte immer in der Nähe ihres Bruders. Aber nur einmal im Jahr pflegte sie ihn zu besuchen.

Um sie zu treffen, stieg der Gottesmann zu einem Haus herunter, das dem Kloster gehörte und nicht weit von der Pforte entfernt lag. Sie verbrachten den ganzen Tag im Lobpreis Gottes und in heiliger Zwiesprache.

Am Abend bat Scholastika ihren Bruder – wohl in Vorahnung ihres baldigen Todes –, die Nacht mit ihr zu verbringen. Er aber wollte sich an seine eigene Regel halten und die Nacht nicht außerhalb des Klosters zubringen.

Da soll sich aus heiterem Himmel ein solches Gewitter erhoben haben, dass es ihm unmöglich war, das Haus zu verlassen. Drei Tage später starb Scholastika.

Benedikt ließ den Leichnam in das Kloster bringen und in das Grab legen, das er für sich selbst vorbereitet hatte. So kam es, dass die, deren Geist in Gott immer eins gewesen war, auch dem Leibe nach durch das Begräbnis nicht getrennt wurden (Dial. II, 33–34).

Das wunderbare Licht

Der Gottesmann Benedikt stand schon vor der nächtlichen Gebetszeit auf, während die Brüder noch ruhten. Er stand am Fenster und betete zum allmächtigen Herrn.

Wie er so um Mitternacht hinausblickte, sah er plötzlich ein Licht, das sich von oben her ausbreitete und mit einem Mal alle Dunkelheiten der Nacht vertrieben hatte. Es erstrahlte in solchem Glanz, dass es, wie es so in der Finsternis leuchtete, sogar heller war als das Tageslicht. Eine wunderbare Wahrnehmung war damit verbunden.

Wie er später selbst erzählte, wurde ihm die ganze Welt wie in einem einzigen Sonnenstrahl gesammelt vor Augen geführt (Dial. II, 35).

Das Gesicht

An dem Tage, als Sankt Benedikt von dieser Welt schied, hatten zwei seiner Mönche das gleiche Gesicht: Der eine sah es in seiner Zelle, der andere an einem Orte, der weit davon entfernt war.

Beide sahen eine leuchtende Straße, die mit köstlichen Teppichen bedeckt und mit unzähligen Lichtern geschmückt war und von der Zelle des Heiligen empor zum Himmel führte. Auf der Straße sahen sie einen ehrwürdigen Greis mit klarem Angesicht, der sprach zu ihnen: „Wisst ihr, was die Straße ist, die ihr schaut?“ Sie antworteten, sie wüssten es nicht.

Da sprach der Greis: „Dies ist die Straße, auf der der auserwählte Freund Gottes Sankt Benedikt in den Himmel auffahren soll“ (Dial. II, 37,3).

Die „Regula Benedicti“ und ihre Bedeutung

Um das Jahr 540 verfasste Benedikt von Nursia auf dem Monte Cassino seine berühmte Regel, die „Regula Benedicti“ (abgekürzt: RB). Die Regel, die das Zusammenleben der Mönche im Kloster regelt, ist so weise und so zeitlos geschrieben, dass noch heute – fast 1500 Jahre nach dem Tod des Heiligen – Tausende von Mönchen und Nonnen weltweit nach dieser Regel in einer vom Evangelium geprägten Gemeinschaft leben und ihr Leben auf Gott hin ausrichten.

Die Regel – von Benedikt zuweilen „die heilige Regel“ genannt – legt verbindliche Grundstrukturen und Normen für das Klosterleben fest. Sie beinhaltet Richtlinien für die brüderliche Gemeinschaft untereinander und für die Gastfreundschaft gegenüber Fremden, ferner Leitsätze zur Klausur der Mönche, zur Gottesdienstordnung und zur Klosterverwaltung sowie Anweisungen zur Aufnahme von neuen Brüdern, zur Wahl des Abtes, zur Einsetzung des Priors und weitere Klostergesetze (nächtliche Ruhe, Küchendienst, Ämterverteilung usw.).

Zu Benedikts Regel bemerkt Papst Gregor der Große: „Benedikt hat eine Regel verfasst, einzigartig in weiser Mäßigung und glänzend geschrieben“ (Dial. II, 36). Sie wurde zu Beginn des 9. Jahrhunderts im ganzen Reich – und damit in ganz Europa – als für alle Klöster gültig erklärt. Das Original der Regel ist verloren gegangen. Die älteste erhaltene Handschrift aus dem ersten Drittel des 9. Jahrhunderts wird in der Klosterbibliothek St. Gallen aufbewahrt und ist heute „der wertvollste Textzeuge der Benediktsregel“ (Anselm Grün).

Ohne Zweifel ist die Ordensregel des heiligen Benedikt – neben den Ausführungen Papst Gregors des Großen im zweiten Buch der „Dialoge“ – auch ein Schlüssel, um die

Person des Heiligen, sein Denken und Tun, besser und tiefer zu verstehen. Abt Barnabas Bögle OSB (Ettal) sagt dazu: „Manche Begebenheit aus den Dialogen wird erst durch die Mönchsregel verständlich, wie andererseits manches Regelwort mit Hilfe der Dialoge lebendiger wird.“[7]

Quellen für Benedikts Regel

Benedikt schöpft bei der Abfassung seiner Regel aus verschiedenen Quellen. Die wichtigste Quelle ist die Heilige Schrift. Beim Lesen der Regel fallen die vielen Zitate von Stellen aus dem Alten und Neuen Testament auf (mehr als 300!). Benedikt zieht sie immer wieder heran, um mit ihnen einzelne Normen und Vorschriften seiner Regel zu begründen und zu erläutern. Ein „kleines Kompendium des Evangeliums“ hat darum später der französische Bischof Jacques-Bénigne Bossuet (1627–1704) Benedikts Ordensregel genannt.

„Benedikt lebte und webte in der Heiligen Schrift“, schreibt Walter Nigg. „Das spürt man aus den vielen zitierten Bibelworten. Er war fest in der Bibel verankert, was ihm in jener Verfallszeit einen ungeheuren Halt gab. Es ist nicht so, dass erst die Reformatoren die Heilige Schrift entdeckt haben, die früheren Christen waren mit ihr auch vertraut.“[8]

„Die Lehre des heiligen Bebedikt“, sagt Papst Johannes Paul II., „ist einfach die Lehre des Evangeliums. Das erklärt ihre bleibende Gültigkeit und zugleich ihre einzigartige Anziehungskraft. Sie hat kein anderes Ziel, als den Mönch zu einem Menschen zu machen, der Gott, seine Heiligkeit, sein Reich sucht und gewinnt. Deshalb wendet sie ihre ganze Kraft auf die Förderung der Grundtugenden des Evangeliums: der Gottes- und Nächstenliebe, des Glaubensgeistes, der Demut, des Gehorsams, des Gebetes, der Bruderliebe.“[9]

Eine zweite Quelle sind die großen und bedeutenden Kirchenväter, mit deren Schriften Benedikt gut vertraut ist.

Auch sie baut er immer wieder in sein Regelwerk ein. Vor allem in der Auslegung und Deutung der Heiligen Schrift folgt er ihrem Beispiel.

Benedikt selbst sagt dazu in seiner Regel: „Für den, der zur Vollkommenheit des klösterlichen Lebens eilt, gibt es die Lehren der heiligen Väter, deren Beobachtung den Menschen zur Höhe der Vollkommenheit führen kann ... Welches Buch der heiligen Väter redet nicht laut davon, wie wir auf geradem Weg zu unserem Schöpfer gelangen?“ (RB 73,1–4).

Eine dritte Quelle für Benedikts Regel sind die Regeln und Schriften der vorausgehenden Mönchsgenerationen, besonders des christlichen Ostens. Das Beste hat er aus deren Überlieferungen und Erfahrungen ausgewählt und den Bedürfnissen der Zeit angepasst. Kurzum, er hat früher entstandene, oft recht weitschweifige Regelwerke der östlichen Tradition – etwa die einige Jahrzehnte vorher entstandene so genannte „Magisterregel“ eines unbekannten Mönches – gerafft und für den Alltag brauchbar und anwendbar gemacht.

Andreas Rode schreibt dazu in seinem „Jahresbuch der Heiligen“: „Genau das ist wohl auch einer der Gründe für den Erfolg und die rasche Ausbreitung der Benediktsregel: ihre ‚Alltagstauglichkeit‘, die den Mönchen keine übermenschlichen Leistungen, keine zu harte Askese abverlangt, sondern immer im Blick hat, dass auch Ordensleute schwache Menschen sind, die Bedürfnisse und Wünsche haben.“[10]

Weisungen für das Leben im Kloster

Die Regel des heiligen Benedikt schafft für das klösterliche Leben den großen Rahmen und füllt ihn aus. Ihr Ziel wird in der Vorrede (Prolog) mit folgenden Worten beschrieben: „Wir wollen uns also mit dem Glauben umgürten, in Treue das Gute tun und unter der Führung des Evangeliums die Wege gehen, die der Herr uns zeigt ...“

Weiter heißt es dann ganz konkret: „Wir wollen also eine Schule für den Dienst des Herrn gründen. Bei dieser Gründung ist es unsere Absicht, nichts Hartes, nichts Schweres anzuordnen. Sollten jedoch Vernunft und Billigkeit zur Besserung von Fehlern und zur Bewahrung der Liebe da und dort etwas strengere Anforderungen stellen, so verlasse nicht gleich voll Angst und Schrecken den Weg des Heiles, der am Anfang nun einmal eng sein muss. Sobald man aber im klösterlichen Leben und im Glauben Fortschritte macht, weitet sich das Herz und man geht den Weg der Gebote Gottes in unsagbarer Freude der Liebe."

Diesem Ziel dienen alle einzelnen Gebote und Anweisungen, die Benedikt in seinem Regelbuch aufstellt. Sie sind dazu da, das Gemeinschaftsleben so zu ordnen, dass viele und unterschiedlich veranlagte Männer in brüderlicher Liebe gern zusammenwohnen und sich gegenseitig in ihrer Suche nach Gott und in ihrem Streben nach Heiligkeit fördern können.

Schweigen, Gehorsam und Demut sind für Benedikt die Grundvoraussetzungen für ein gutes Zusammenleben im Kloster. Auf ihnen bauen die konkreten Gelübde auf: die örtliche Beständigkeit, d. h. der Verbleib in dem einmal gewählten Kloster auf Lebenszeit, die monastische Lebensführung, die in einem ständigen bußfertigen Umdenken – weg von der Welt hin zu Gott – besteht, und der Gehorsam gegenüber einem auf Lebenszeit gewählten Abt.

„Ora et labora" (Bete und arbeite)

Das berühmte benediktinische „Ora et labora", d. h. „bete und arbeite", steht zwar nicht wörtlich in der Regel des heiligen Benedikt, wie bereits oben erwähnt wurde. Es ist aber gleichsam ihre Überschrift. Unter diesem Wort lässt sich nicht nur das Leben des Heiligen selbst, sondern auch das seiner weltgeschichtlichen Stiftung zusammenfassen.

Mit dem Grundsatz „Ora et labora“, schreibt Martin Wieser, „kann ausgedrückt werden, was dem heiligen Benedikt als Ziel vor Augen schwebte: der in sich harmonische und befriedete Mensch, bei dem sich Gebet und Arbeit, Geistiges und Leibliches, Himmlisches und Irdisches die Waage halten. Der Mensch, der nicht verplant ist, auch nicht durch die Arbeit, und so seiner Würde und Freiheit entspricht, die ihm Gott durch Jesus Christus geschenkt hat.“[11]

Wie wichtig dem heiligen Benedikt – neben einer geregelten Zeiteinteilung – ein ausgewogenes Verhältnis von Gebet („ora“) und Arbeit („labora“) war, zeigt das 48. Kapitel seiner Regel, aus dem im Folgenden die Verse 1 bis 25 wiedergegeben werden sollen. Aus ihnen klingt gleichzeitig die Sorge Benedikts über jeden Einzelnen der ihm Anvertrauten hindurch.

„Müßiggang ist der Seele Feind. Deshalb sollen die Brüder zu bestimmten Zeiten mit Handarbeit, zu bestimmten Stunden mit heiliger Lesung beschäftigt sein. Und so meinen wir, durch folgende Verfügung die Zeit für beides ordnen zu können:

Von Ostern bis ersten Oktober verrichten sie morgens nach der Prim bis ungefähr zur vierten Stunde die notwendigen Arbeiten. Von der vierten Stunde aber bis zur Sext sollen sie frei sein bis zur Lesung. Nach der Sext und der Mahlzeit sollen sie unter völligem Schweigen auf ihren Betten ruhen. Will aber einer für sich lesen, dann lese er so, dass er keinen anderen stört. Die Non werde früher gehalten, zur Mitte der achten Stunde; dann gehen sie bis zur Vesper wieder an ihre Arbeit.

Wenn die Ortsverhältnisse oder die Armut fordern, dass sie die Ernte selber einbringen, sollen sie nicht traurig sein. Sie sind dann wirklich Mönche, wenn sie wie unsere Väter und die Apostel von ihrer Hände Arbeit leben. Alles aber geschehe der Kleinmütigen wegen maßvoll.

Vom 1. Oktober bis zum Beginn der Fastenzeit sollen sie bis zum Ende der zweiten Stunde für die Lesung frei sein.

Zur zweiten Stunde werde die Terz gehalten. Bis zur neunten Stunde verrichten alle die Arbeit, die ihnen aufgetragen ist. Beim ersten Zeichen zur Non breche jeder seine Arbeit ab, um bereit zu sein, wenn das zweite Zeichen gegeben wird. Nach dem Essen sollen sie für ihre Lesung oder für die Psalmen frei sein.

In den Tagen der Fastenzeit aber sollen sie vom Morgen bis zum Ende der dritten Stunde für ihre Lesung frei sein. Dann verrichten sie bis zum Ende der zehnten Stunde, was ihnen aufgetragen wird. In diesen Tagen der Fastenzeit erhält jeder einen Band der Bibel, den er von Anfang bis Ende ganz zu lesen hat. Diese Bände werden zu Beginn der Fastenzeit ausgegeben. (...)

Kranken oder empfindlichen Brüdern werde eine passende Beschäftigung oder ein geeignetes Handwerk zugewiesen; sie sollen nicht müßig sein, aber auch nicht durch allzu große Last der Arbeit erdrückt oder sogar fortgetrieben werden. Der Abt muss auf ihre Schwäche Rücksicht nehmen."

Bis heute hat das aus Benedikts Regel entstandene Wort „Ora et labora" seine Gültigkeit behalten. Papst Pius XII. (1939–1958) hat darauf mit folgenden Worten hingewiesen: „‚Bete und arbeite!' Ist in diesem Wahlspruch der Benediktiner nicht in erhabener Kürze das enthalten und ausgesprochen, was das oberste Gesetz und die unveränderliche Grundlage jeglicher Bildung und Kultur ist? Es ist Gebot Gottes, dass wir beten. Es ist Gebot Gottes, dass wir arbeiten. Und beides müssen wir tun zu seinem Lob und zu unserer vollen Entfaltung an Leib und Seele."[12]

Papst Johannes Paul II. (1978–2005) sagt ergänzend: „Der heilige Benedikt zeigt einen Weg auf, der sich durch große Ausgewogenheit auszeichnet. Diesen Weg, der Gebet und Arbeit verbindet, muss – bei aller Verschiedenheit der Akzentsetzung – auch der Mensch in unserer Welt und in unserer Zeit gehen, um seiner Berufung voll gerecht zu werden."[13]

Insgesamt 73 Kapitel umfasst die Regel des heiligen Benedikt. Der Text ist unkompliziert, direkt und eindeutig, die Sprache schlicht und einfach, sodass sie von jedermann verstanden werden kann. Deshalb ist es auch nicht verwunderlich, dass sich die Regel bis zum heutigen Tag gehalten hat.

Beim Lesen des Textes spürt man, dass die Regel des Heiligen nicht am Schreibtisch entstanden, sondern aus eigener Erfahrung entsprungen ist. Benedikt beruft sich ausdrücklich darauf (vgl. RB 1,6; 59,6). Papst Gregor der Große hat darum recht, wenn er über Benedikt schreibt: „In den Vorschriften der Regel findet sich alles, was er als Lehrmeister vorgelebt hat. Denn der Heilige konnte nicht anders lehren, als er lebte“ (Dial. II, 36).

In der Regel wird nichts „Wunderbares“ berichtet. Sie ist ein Rechtsbuch, mit dem das Leben einer klösterlichen Gemeinschaft – in einem bisweilen recht nüchternen Text – geregelt und geordnet wird. Gleichzeitig ist sie aber auch ein geistliches Buch, in dem der „Vater des abendländischen Mönchtums“ seinen ihm anvertrauten Jüngern den „Weg zum Leben unter der Führung des Evangeliums“ (Prolog 20–21) aufzeigen will.

Im Schlusssatz der Regel heißt es, dass „diese bescheidene Regel ... für Anfänger geschrieben“ (RB 73,8) sei. Benedikt wendet sich mit seinem Text also nicht an Elitemenschen oder Heilige, sondern er hat den ganz gewöhnlichen, alltäglichen Menschen mit seinen guten und schlechten Eigenschaften vor Augen. Ihn will er helfen, aus dem Trott oberflächlichen Lebens auszubrechen und ein sinnvolles, lebenswertes Leben in einer Gemeinschaft Gleichgesinnter zu verwirklichen.

Es ist im Rahmen dieses Buches nicht möglich, das gesamte Regelwerk des heiligen Benedikt wiederzugeben und zu besprechen. Zahlreiche Bände wurde bereits darüber geschrieben (vgl. das Literaturverzeichnis am Schluss des Buches). Nur ein paar grundlegende Gedanken aus der Fülle der Regel können hier – über das bereits Gesagte hinaus – angedeutet werden.

Beispiele aus der Fülle der Regel

Bemerkenswert ist die in der Regel aufgezeigte Brüderlichkeit unter den Mönchen. Sie überschreitet alle Grenzen des Standes, der Nationalität und der Fähigkeiten: „Der Freigeborene soll (im Kloster) keinen Vorzug haben vor dem, der als Sklave eingetreten ist ..., denn ob Sklave oder Freigeborener: In Christus sind wir alle eins" (RB 2,18–20).

Von den Brüdern verlangt die Regel, dass sie sich in Ehrfurcht gegenseitig achten, ihre Schwächen und Fehler in Geduld ertragen – nach dem Pauluswort „Einer trage des anderen Last" (Gal 6,2) – und über den eigenen Vorteil stets den des anderen stellen. Daneben soll die Liebe zu Jesus Christus immer den Vorrang haben vor der selbstlosen Liebe der Brüder untereinander und der demütigen Liebe gegenüber dem Abt.

Wörtlich heißt es dazu in der Regel: „Das ist der Eifer, den die Mönche in glühender Liebe betätigen sollen: ‚Sie sollen einander in gegenseitiger Achtung übertreffen' (Röm 12,10). Sie sollen ihre leiblichen und charakterlichen Schwächen in großer Geduld aneinander ertragen. Sie sollen sich in gegenseitigem Gehorsam zu überbieten suchen. Keiner soll den eigenen Vorteil suchen, sondern mehr den des anderen. Sie sollen einander selbstlos die brüderliche Liebe erweisen. Gott sollen sie in Liebe fürchten. Ihrem Abt seien sie in aufrichtiger und demütiger Liebe zugetan. Sie sollen nichts höher stellen als Christus, der uns alle zum ewigen Leben führen möge" (RB 72,3–12).

Besondere Sorge verlangt die Regel gegenüber den Kranken im Kloster. Ihnen soll man in besonders liebevoller Weise dienen: „Die Sorge für die Kranken muss vor allem und über allem stehen: Man soll ihnen so dienen, als wäre es wirklich Christus selbst; hat er doch gesagt: ‚Ich war krank, und ihr habt mich besucht.' Und: ‚Was ihr einem dieser Geringsten getan habt, das habt ihr mir getan.' Aber auch die Kranken mögen bedenken, dass man ihnen dient, um Gott zu ehren; sie sollen ihre Brüder, die ihnen dienen, nicht durch ihre Ansprüche traurig machen. Doch auch diese Kranken muss man in Geduld ertragen; denn durch sie wird größerer Lohn zuteil" (RB 36,1–5).

Gäste, vor allem Arme und Pilger, sind nach der Regel im Kloster besonders liebevoll aufzunehmen. Die Begegnung mit ihnen ist für Benedikt immer eine Begegnung mit Jesus Christus: „Alle Gäste, die zum Kloster kommen, sollen wie Christus aufgenommen werden ... Ganz besondere Aufmerksamkeit soll man der Aufnahme von Armen und Pilgern schenken; denn in ihnen wird mehr als in anderen Christus aufgenommen. Die Reichen dagegen sorgen schon durch ihr herrisches Auftreten dafür, dass sie geehrt werden" (RB 53,1.15).

Heute hat so gut wie jedes Benediktinerkloster ein eigenes Gästehaus, in dem – im Geiste des heiligen Benedikt – die Gastfreundschaft und die Begegnung der Ordensleute mit den Gästen in besonderer Weise gepflegt wird. Dazu kommen die zahlreichen Tagungshäuser in den Klöstern der Benediktiner und Benediktinerinnen sowie der anderen nach der Benediktsregel lebenden Orden, in denen Gäste in Seminaren zur benediktinischen Spiritualität die Leitsätze und Empfehlungen des Ordensgründers in seiner Regel für den beruflichen Alltag nutzbar machen.

Das Alter soll nach den Weisungen der Regel keine Rolle spielen bei der Rangordnung und Stellung der Mönche im Kloster. Benedikt schreibt dazu: „Nirgendwo darf das Lebensalter für die Rangordnung den Ausschlag geben oder sie von vornherein bestimmen, haben doch Samuel und Daniel, obgleich noch jung, Gericht über die Ältesten gehalten. Die Jüngeren sollen die Älteren ehren, die Älteren die Jüngeren lieben“ (RB 63,5–6.10). Auch die Priester sollen sich in diese Ordnung einfügen und sich vor Überhebung und Stolz hüten.

Ein eigenes kleines Kapitel in der Regel widmet Benedikt den Greisen und Kindern. Auf ihre Schwäche soll man Rücksicht nehmen, vor allem hinsichtlich der Nahrung: „Zwar neigt das natürliche Empfinden des Menschen schon von selbst zur Nachsicht gegenüber ... den Greisen und Kindern; dennoch soll auch die Regel mit ihrem Ansehen für sie sorgen. Auf ihre Schwäche soll man immer Rücksicht nehmen; für ihre Nahrung gilt in keiner Weise die Strenge der Regel, sondern man nehme liebevoll Rücksicht auf sie und lasse sie schon vor der festgesetzten Zeit essen“ (RB 37,1–3).

Gelassenheit und Gehorsam aus Liebe empfiehlt die Regel allen Mönchen, denen eine ihnen übertragene Aufgabe als zu schwer oder gar als unmöglich erscheint: „Wenn einem Bruder etwas aufgetragen wird, das ihm zu schwer oder unmöglich erscheint, nehme er zunächst den erteilten Befehl gelassen und gehorsam an. Wenn er aber sieht, dass die Schwere der Last das Maß seiner Kräfte völlig übersteigt, lege er dem Oberen dar, warum er den Auftrag nicht ausführen kann, und zwar geduldig und angemessen, ohne Stolz, ohne Widerstand, ohne Widerrede. Wenn er seine Bedenken geäußert hat, der Obere aber bei seiner Ansicht bleibt und auf seinem Befehl besteht, sei der Bruder überzeugt, dass es so für ihn gut ist; und im Vertrauen auf Gottes Hilfe gehorche er aus Liebe“ (RB 68,1–5).

Der Abt als geistiger „Vater“ der Mönche

Im zweiten Kapitel der Regel beginnen Benedikts Ausführungen über den Abt. Der Abt ist kein General wie bei den Jesuiten, sondern schlicht und einfach ein „Vater“ (lat. abbas – Abt), der sorgende, glaubwürdige und respektierte Vorsteher der Mönchsgemeinde.

Die Regel umschreibt die Aufgabe des Abtes mit vortrefflichen Formulierungen: Er soll nüchtern und mild, nicht ungestüm und nicht zaghaft sein. Nach Benedikt ist der Abt kein bloßer Verwaltungsmann – für Verwaltungsaufgaben ist der Kellermeister zuständig –, sondern seine primäre Aufgabe besteht in der Seelenführung seiner Mönche. Der Abt ist Seelsorger für die ihm anvertrauten Jünger und deswegen auch ihr Meister und Lehrer. „Vor allem darf er die Seelsorge für die ihm anvertrauten Seelen nicht vernachlässigen", schreibt Benedikt.

Für Benedikt ist der Abt der treusorgende Hirte der ihm anvertrauten Herde, der weise Lehrer, der „alles Gute und Heilige mehr durch Taten als durch Worte" (RB 2,12) zeigt. Er ist der gütige Vater, welcher „Barmherzigkeit vor Recht" (RB 64,10) übt und allen seinen Söhnen „gleiche Liebe" (RB 2,22) entgegenbringt. Weitere Aussagen aus der Regel bestätigen dieses Bild des Abtes, wie Benedikt sich ihn vorstellt:

„Ein Abt, der würdig ist, einem Kloster vorzustehen, muss immer bedenken, wie man ihn anredet, und verwirkliche durch sein Tun den Namen eines Oberen. Der Glaube sagt ja: Er vertritt im Kloster Christi Stelle, wird er doch mit dessen Namen angeredet, nach dem Wort des Apostels: ‚Ihr habt den Geist empfangen, der euch zu Söhnen macht, in dem wir rufen: Abba, Vater!'" (RB 2,1–3).

„Wer den Namen ‚Abt' annimmt, muss seinen Jüngern in doppelter Weise als Lehrer vorstehen: Er zeige mehr durch sein Beispiel als durch Worte, was gut und heilig ist; den gelehrigen Jüngern lege er die Gebote mit Worten dar, den Harten und Einfältigen aber veranschauliche er den Willen Gottes durch sein Beispiel" (RB 2,11f.).

„Er (der Abt) suche, mehr geliebt als gefürchtet zu werden. Er sei nicht aufgeregt oder ängstlich, nicht maßlos oder engstirnig, nicht eifersüchtig oder argwöhnisch, sonst kommt er ja nie zur Ruhe" (RB 64,15–16).

„Er (der Abt) soll im Kloster niemand bevorzugen. Er soll den einen nicht mehr lieben als den anderen, außer er fände an ihm mehr Tugend und Gehorsam. Der Freigeborene soll keinen Vorzug vor dem haben, der als Sklave eingetreten ist, außer es läge sonst ein vernünftiger Grund vor. Wenn der Abt es aber aus Gründen der Gerechtigkeit für angebracht hält, kann er auch sonst jedem einen höheren Rang zuweisen. Im Übrigen behalte jeder den Platz, der ihm zukommt" (RB 2,16–19).

„Vor allem darf der Abt nicht über das Heil der ihm Anvertrauten hinwegsehen oder es gering schätzen und sich größere Sorge machen um vergängliche, irdische und hinfällige Dinge. Vielmehr denke er stets daran: Er hat die Aufgabe übernommen, Menschen zu führen, für die er auch wird Rechenschaft ablegen müssen. Wegen des vielleicht geringen Klostervermögens soll er sich nicht beunruhigen; vielmehr bedenke er das Wort der Schrift: ‚Sucht zuerst das Reich Gottes und seine Gerechtigkeit, und dies alles wird euch dazugegeben.' Ein anderes Schriftwort sagt: ‚Wer ihn fürchtet, leidet keinen Mangel'" (RB 2,33–36).

„Der Abt muss wissen: Wer es auf sich nimmt, Menschen zu führen, muss sich bereithalten, Rechenschaft abzulegen. Er sei sich darüber ganz im Klaren: Wie groß auch die Zahl der Brüder sein mag, für die er Verantwortung trägt, am Tag des Gerichtes wird er für sie alle dem Herrn Rechenschaft ablegen müssen, dazu ohne Zweifel auch für sich selbst" (RB 2,37–38).

„Der Abt bedenke immer, was er ist; er bedenke, was für einen Namen er trägt, und er wisse: Wem mehr anvertraut ist, von dem wird mehr gefordert. Er überlege, eine wie schwere und mühevolle Aufgabe er übernommen hat, Seelen zu leiten und der Eigenart vieler zu dienen. Indem er den einen mit sanfter Güte zu gewinnen sucht, den anderen streng zurechtweist, auf den dritten mit Zureden einwirkt, bringe er, den Eigenschaften und der Fassungskraft des Einzelnen entsprechend, allen Verständnis entgegen, passe sich allen so an, dass er an den ihm anvertrauten Schafen nicht nur keinen Schaden leidet, sondern am Gedeihen einer guten Herde sich freuen kann" (RB 3).

„Sooft es sich im Kloster um eine wichtige Angelegenheit handelt, soll der Abt die ganze Klostergemeinde zusammenrufen und selbst die Angelegenheit vortragen. Er soll den Rat der Brüder anhören, dann die Sache bei sich überlegen und das tun, was er für richtig hält. Dass zur Beratung alle gerufen werden, bestimmen wir deshalb, weil der Herr oft einem Jüngeren offenbart, was das Bessere ist“ (RB 3,1–3).

„Der Abt muss auf jegliche Weise um die Brüder besorgt sein, die sich verfehlt haben ... Deshalb muss er wie ein erfahrener Arzt alle Mittel anwenden; er soll Senpekten vorschicken, das heißt ältere und erfahrene Brüder, die unter vier Augen dem schwankenden Bruder freundlich zureden und versuchen, ihn zu demütiger Genugtuung zu bewegen; sie sollen ihm ‚freundlich zureden, damit er nicht in übermäßige Trauer versinkt‘ (2 Kor 2,7). Wie der Apostel sagt, ‚soll man ihm gegenüber vielmehr die Liebe walten lassen‘ (vgl. 2 Kor 2,8), und alle sollen für ihn beten“ (RB 27,1–4).

„Falls ein fremder Mönch bescheiden und liebevoll eine begründete Kritik äußert oder auf etwas aufmerksam macht, so erwäge der Abt klug, ob ihn der Herr nicht vielleicht gerade deshalb geschickt hat“ (RB 61,4).

„Der Abt bringe die ihm anvertraute Herde nicht in Verwirrung. Er treffe keine ungerechte Verfügung, als könne er seine Macht willkürlich gebrauchen, sondern bedenke immer, dass er über all seine Entscheidungen und all sein Tun Gott Rechenschaft geben muss“ (RB 63,2–3).

„Bei der Einsetzung des Abtes gelte immer der Grundsatz, dass der bestellt wird, den sich die Klostergemeinde einmütig, in der Furcht Gottes, oder ein auch noch so kleiner Teil der Klostergemeinde nach besserer Einsicht wählt“ (RB 64,1).

Zu den Ausführungen des heiligen Benedikt in seiner Regel über die Aufgaben des Abtes bemerkt Papst Johannes Paul II. mit Blick auf die heutige Zeit: „In den sozialen Verhältnissen unserer Tage, die da und dort den Charakter einer ‚vaterlosen Gesellschaft‘ annehmen, hilft uns der Heilige von Nursia, jenem erstrangigen Wert wieder mehr

Bedeutung beizumessen, der von den Trägern der Autorität vielleicht etwas übersehen wurde und den wir Vaterschaft nennen."[14]

An anderer Stelle sagt der Papst: „Wer in irgendeiner sozialen Gruppe, auf welcher Ebene auch immer, Autorität ausübt, muss immer mehr die Gabe der Vaterschaft pflegen und sichtbar machen, die allein in der Lage ist, die Menschen in brüderlicher Verbundenheit zu einen."

Walter Nigg ergänzt das Gesagte, wenn er schreibt: „Benedikt zeichnete mit wenigen Strichen ein schönes Bild über die geistige Vaterschaft. Nach ihm hat der Vater ‚Seelen zu leiten' und nicht bloß für die körperliche Ertüchtigung zu sorgen. Die Seele aber ist überaus subtil und verträgt weder massive Behandlung noch Gewaltherrschaft. Nach Benedikt hat der echte Vater ‚mehr vorzusehen als vorzustehen' und will ‚mehr geliebt als gefürchtet werden'. Das ist die entscheidende Einsicht: Liebe und nicht Angst ist die wahre Erziehung. Auf die geistige Vaterschaft kann nie verzichtet werden. Benedikt hat sie auch für den in der Welt lebenden Christen mit wenigen Worten gültig umrissen."[15]

Auffallend – ja geradezu revolutionär – ist Benedikts Beurteilung der Jugend. Er beteiligt, wie oben gezeigt wurde, *alle* Brüder, also auch und gerade die jungen Mönche, an seinen Entscheidungen. Er vertritt nicht die Meinung der alten Zeit, dass der „Pater familias" das Sagen hat und die Jugend schweigen und parieren muss. Offenbar hatte der Umgang mit den jungen Mönchen Benedikt gezeigt, dass der Jüngere oft den noch ungetrübten Blick und das unbefangene Urteil besitzt, was er als Offenbarung Gottes deutet.

Benedikt kennt noch nicht eine eigentliche Mitbestimmung. Der Abt soll die Meinung der Brüder anhören und dann als „gütiger Vater" vor Gott seine Entscheidung treffen, über die er vor dem gerechten Richter Rechenschaft ablegen muss. „In der Regel Benedikts sind monarchische und demokratische Elemente sinnvoll verbunden", schreibt darum Beda Müller OSB in seinem Buch „Benedikt und Europa"[16].

Wie bereits mehrfach erwähnt, haben die Weisungen, die Benedikts Regel enthält, auch für die heutige Zeit noch ihre Bedeutung. Obwohl die Regel für Mönche im 6. Jahrhundert geschrieben wurde, stellt sie bis heute auch für Menschen, die nicht im Kloster leben, eine Richtschnur für das Leben dar.

Jeder von uns kann in dieser Regel für sein eigenes Leben Rat und Hilfestellung, Ermutigung und Wegweisung finden – und das in einer Zeit, in der Oberflächlichkeit und Verworrenheit vorherrschen, „in der bekennende Frömmigkeit weitestgehend der Vergangenheit angehört und die grundlegenden Fragen des Lebens ungeklärter und drängender denn je sind" (Joan Chittister).[17]

Walter Nigg schreibt: „Ein Christ, der die Regel ernsthaft liest, wird sie nie ohne Gewinn aus der Hand legen ... Auch den mitten im Getriebe der Welt stehenden Menschen, die heute mehr als je eines kraftvollen Beistandes bedürfen, ruft Benedikt ein Wort der Orientierung zu ... Benedikts Regel ist eines der wirklich helfenden Bücher, für die man nur große Dankbarkeit empfinden kann."[18]

Päpste wie Pius XII., Paul VI., Johannes Paul II. und Benedikt XVI. haben wiederholt auf die Bedeutung des heiligen Benedikt für die heutige Zeit hingewiesen und die Aktualität seiner Regel für jeden Einzelnen unterstrichen. Ihre lesenswerten Worte (mit Ausnahme des Letzteren) sind in dem Buch „Benedictus – Bote des Friedens, Papstworte zu den Benediktusjubiläen von 1880 bis 1980" (St. Ottilien 1982) übersichtlich zusammengestellt.

Benedikts Wort im Vorwort zu seiner Regel ist nicht nur seinen Brüdern im Kloster gesagt, sondern gilt auch jedem Menschen der heutigen Zeit für sein eigenes Leben: „Höre, mein Sohn (wir können ergänzen: meine Tochter), auf die Weisung des Meisters, neige das Ohr deines Herzens, nimm den Zuspruch des gütigen Vaters willig an und erfülle ihn durch die Tat" (Prolog, Vers 1). Die Frage heißt darum: Was hat die Regel Benedikts den in der heutigen Welt lebenden Christen zu sagen?

Auf den folgenden Seiten wird eine Auswahl besonders nachdenkenswerter und bedeutsamer Worte aus der Regel des heiligen Benedikt angeboten, die – selbst nach 1500 Jahren – auch unserem Leben Sinn, Ziel und Inhalt geben können. Sie wollen uns zeigen und helfen, wie wir – einzeln und gemeinsam – Gott suchen und unseren Alltag ganz auf ihn hin ausrichten können. Mit den Worten seiner Regel hat uns Benedikt „gleichsam einfaches Bauernbrot geschenkt, wissend, dass es kräftiger ist als alle intellektuelle Schleckerei der Gegenwart" (Walter Nigg).

„Der Herr sucht in der Volksmenge einen Arbeiter für sich und sagt: ‚Wer ist der Mensch, der das Leben liebt und gute Tage zu sehen wünscht?' Wenn du das hörst und antwortest: ‚Ich!', dann sagt Gott zu dir: Willst du wahres und unvergängliches Leben, dann ‚bewahre deine Zunge vor Bösem und deine Lippen vor falscher Rede. Meide das Böse und tu das Gute; suche Frieden und jage ihm nach!' (Ps 34, 13–15). Wenn ihr das tut, blicken meine Augen auf euch und meine Ohren hören auf eure Gebete; und noch bevor ihr zu mir ruft, sage ich euch: ‚Seht, hier bin ich' (Jes 58,9). Liebe Brüder, was kann uns mehr beglücken als dieses Wort des Herrn, der uns einlädt? Seht, in seiner Güte zeigt uns der Herr den Weg zum Leben" (Prolog 14–20).

„Wollen wir in seinem (Gottes) Reich und in seinem Zelt wohnen, dann müssen wir durch gute Taten dorthin eilen; sonst kommen wir nie an" (Prolog 22).

„Fragen wir mit dem Propheten den Herrn: ‚Herr, wer darf wohnen in deinem Zelt, wer darf weilen auf deinem heiligen Berg?' Hören wir, was der Herr auf diese Frage antwortet und wie er uns den Weg zu seinem Zelt weist: ‚Der makellos lebt und das Rechte tut; der von Herzen die Wahrheit sagt und mit seiner Zunge nicht verleumdet; der seinem Freund nichts Böses antut und seinen Nächsten nicht schmäht' (Ps 15,1–3); wer den arglistigen Teufel, der ihm etwas einflüstert, samt seiner Einflüsterung vom Auge seines Herzens wegstößt, ihn zunichtemacht, seine Gedankenbrut packt und sie an Christus zerschmettert. Wir haben also den Herrn befragt, wer in seinem Zelt wohnen darf, und die Bedingungen für das Wohnen gehört. Wenn wir doch die Pflichten eines Bewohners erfüllten!" (Prolog 23–28.39).

„Gürten wir uns ... mit Glauben und Treue im Guten und gehen wir unter der Führung des Evangeliums seine (Gottes) Wege, damit wir ihn schauen dürfen, der uns in sein Reich gerufen hat" (Prolog 21).

„Stehen wir endlich einmal auf! Die Schrift rüttelt uns wach und ruft: ‚Die Stunde ist da, vom Schlafe aufzustehen' (Röm 13,11). Öffnen wir unsere Augen dem göttlichen Licht und hören wir mit wachem Ohr, wozu uns die Stimme Gottes täglich mahnt und aufruft: ‚Heute, wenn ihr seine Stimme hört, verhärtet eure Herzen nicht' (Ps 95,7–8). Und wiederum: ‚Lauft, solange ihr das Licht des Lebens habt, damit die Schatten des Todes euch nicht überwältigen' (Joh 12,35)" (Prolog 8–10.13).

„Der Herr erwartet, dass wir jeden Tag auf seine göttlichen Mahnungen mit unserem Tun antworten. Deshalb sind uns die Tage dieses Lebens als Frist gewährt, damit wir uns von unseren Fehlern bessern, wie der Apostel sagt: ‚Weißt du nicht, dass Gottes Geduld dich zur Umkehr führt?' (Röm 2,4)" (Prolog 35–37).

„Weil Gott gütig ist, schont er uns in dieser Zeit und erwartet unsere Bekehrung und Besserung" (RB 7,30).

„Wir müssen unser Herz und unseren Leib zum Kampf rüsten, um den göttlichen Weisungen gehorchen zu können. Für alles, was uns von Natur aus kaum möglich ist, sollen wir die Gnade und Hilfe des Herrn erbitten. Noch ist es Zeit, noch sind wir in diesem Leib, noch schauen wir das Licht des Lebens und haben Zeit, all das zu erfüllen. Wollen wir den Strafen der Hölle entfliehen und zum unvergänglichen Leben gelangen, müssen wir jetzt laufen und tun, was uns für die Ewigkeit nützt" (Prolog 40–44).

„Der Mensch sei überzeugt: Gott sieht vom Himmel zu jeder Stunde auf ihn herab. Gottes Auge sieht überall seine Taten. Darauf weist uns der Prophet hin, wenn er uns zeigt, dass Gott bei unseren Gedanken immer gegenwärtig ist: ‚Der Herr kennt die Gedanken der Menschen' (Ps 94,11); und er sagt auch: ‚Von fern erkennst du meine Gedanken' (Ps 139,2)" (RB 7,13–16).

„Um zu zeigen, dass der Getreue für den Herrn alles, sogar Widerwärtiges, aushalten muss, legt die Schrift denen, die leiden, die Worte in den Mund: ‚Um deinetwillen werden wir den ganzen Tag dem Tode ausgesetzt, behandelt wie Schafe, die zum Schlachten bestimmt sind' (Ps 44,23). Aber weil sie zuversichtlich auf Gottes Vergeltung hoffen, fügen sie freudig hinzu: ‚All das überwinden wir durch den, der uns geliebt hat' (Röm 8,37)" (RB 7,38–39).

„Wenn du etwas Gutes anfängst, flehe zuerst in inständigem Gebet, er (Gott) möge es vollenden" (Prolog 4).

„Sie (die Getreuen) werden ihrer Treue im Guten nicht überheblich; sie wissen vielmehr, dass das Gute in ihnen nicht aus ihrem eigenen Können, sondern vom Herrn kommt. Sie lobpreisen den Herrn, der in ihnen wirkt, und sagen mit dem Propheten: ‚Nicht uns, o Herr, nicht uns, sondern deinen Namen bring zu Ehren' (Ps 115,1). Auch der Apostel Paulus hat nichts von seiner Verkündigung als sein Verdienst angesehen, sagt er doch: ‚Durch Gottes Gnade bin ich, was ich bin' (1 Kor 15,10). Und wiederum sagt er: ‚Wer sich rühmen will, der rühme sich im Herrn' (2 Kor 10,17)" (Prolog 29–32).

„Wenn wir mächtigen Menschen etwas unterbreiten wollen, wagen wir es nur in Demut und Ehrfurcht. Um wie viel mehr müssen wir zum Herrn, dem Gott des Weltalls, in aller Demut und mit lauterer Hingabe flehen" (RB 20,1–2).

„Wir sollen wissen, dass wir nicht erhört werden, wenn wir viele Worte machen, sondern wegen der Lauterkeit des Herzens und der Tränen der Reue" (RB 20,3).

„Das Gebet sei kurz und lauter, es sei denn, es werde durch den Antrieb und die Eingebung der göttlichen Gnade verlängert" (RB 20,4).

„Nur dann gelten wir bei Gott mehr, wenn wir ein besseres Leben führen als andere und demütig bleiben" (RB 2,21).

Zum Schluss ein paar lebensweisende Worte der Regel in Kürze: „Der Liebe zu Christus nichts vorziehen" (RB 4,21). – „Gottes Weisungen durch die Tat erfüllen" (RB 4,63). – „Die Älteren ehren. Die Jüngeren lieben" (RB 4,70–71). – „Den Zorn nicht zur Tat werden lassen. Der Rachsucht nicht einen Augenblick nachgeben" (RB 4,22–23). – „Aus Liebe zu Christus für Feinde beten. Nach einem Streit noch vor Sonnenuntergang zum Frieden zurückfinden" (RB 4,72–73). – „Nicht Böses mit Bösem vergelten. Kein Unrecht tun, aber erlittenes geduldig ertragen. Feinde lieben. Die uns verfluchen, nicht auch verfluchen, sie vielmehr segnen. Verfolgung leiden um der Gerechtigkeit willen" (RB 4,29–33).

Eine umfangreiche Auswahl von Texten aus Benedikts Regel hat Abtprimas Victor Dammertz OSB in dem Buch „Benedikt von Nursia, Suche den Frieden und jage ihm nach" (Kevelaer 1989) zusammengestellt. Hier findet der interessierte Leser / die interessierte Leserin weitere Worte aus der Feder des heiligen Benedikt, die ihm / ihr Anregungen und Hilfen auf dem „Weg zum Leben" geben können.

Letztlich sind die Ausführungen der Regel „unerschöpflich". Man kann über die Worte Benedikts nicht oft genug nachdenken. Man muss sie immer und immer wieder lesen und kommt dabei doch an kein Ende. „Es gibt kein Ende der Regel", schreibt Walter Nigg, „denn wenn man mit der Lektüre am Ende angelangt ist, muss man wieder von vorne anfangen und dies immer wieder, bis man den letzten Atemzug getan hat."[19]

Verehrung des heiligen Benedikt

Von alters her wurde der heilige Benedikt viel verehrt. Die Verehrung für den Ordensgründer ist bereits im 7. Jahrhundert im Kalender des Benediktiners Willibrord (658–739) festgehalten. Der Angelsachse (Gedenktag: 7. November) war seit 690 Missionar in Friesland und wurde im Jahr 695 in Rom zum Bischof der Friesen (mit Sitz in Utrecht) geweiht.

Der Kult Benedikts verbreitete sich – vor allem im Abendland – in gleichem Maße, wie der Benediktinerorden seinen Aufschwung nahm. Bereits im Jahr 589 gab es beim Lateran in Rom ein Benediktinerkloster. Und ein Jahr später – 590 – wurde ein Benediktinermönch Papst: Gregor der Große (540–604). Er war einer der bedeutendsten Päpste in der Geschichte der Kirche und hat – wie oben gezeigt wurde – im zweiten Buch seiner „Dialoge" Person und Wirken des heiligen Benedikt beschrieben (Gedenktag: 3. September).

Dieses Buch ist die einzige Textquelle, die vom Leben und Wirken des großen Ordensgründers berichtet. Da Papst Gregor Benedikt nicht persönlich gekannt hat, stützt er sich in seinen Ausführungen auf vier Gewährsmänner, die einst Schüler des Mönchsvaters waren: Constantius, Abt und Nachfolger Benedikts auf Monte Cassino, Valentinian und Simplicius, Äbte vom Lateran, sowie Honoratus, damaliger Abt des Mutterklosters. Der Papst berichtet also von Begebenheiten, die ihm erzählt wurden. Dennoch sind seine Ausführungen eine wichtige und zuverlässige Quelle, die – trotz aller legendärer Ausschmückung – ein abgerundetes Bild vom Leben und Wirken des heiligen Benedikt zeichnet.

Abt Barnabas Bögle OSB (Ettal) schreibt in einem Internetbeitrag über „Benedikt von Nursia" zu den Texten Papst Gregors: „An das Werk des Kirchenvaters dürfen ... nicht die Maßstäbe historisch-kritischer Wissenschaft angelegt werden. Er will in seinen Dialogen von Gott reden, der sich groß zeigt in seinen Heiligen; allein darauf kommt es ihm an. Aber bei intensiver Beschäftigung mit dem Text können doch einige Daten, Ortsangaben und Personen, die auch durch andere Quellen belegt sind, festgemacht werden. Gregor hat seine Dialoge in der literarischen Form der Legende verfasst. Daraus können Begebenheiten herausgelöst werden, die sich tatsächlich ereignet haben, zeigen sich doch in einer Legende wesentliche Charakterzüge eines Menschen in verdichteter Form. In ihr wird der Wahrheitskern von Begebenheiten entfaltet und gedeutet; er tritt so deutlicher ans Licht, als es bei Urkunden und Annalen möglich ist."[20]

Bereits gegen Ende des 6. Jahrhunderts missionierten Benediktinermönche in England und im 7. Jahrhundert fasste die benediktinische Mönchsregel in Frankreich Fuß. Nach und nach entstanden im Laufe der Jahrhunderte Benediktinerklöster und Klosterschulen, die sowohl zu Stätten der Verehrung des heiligen Benedikt als auch zu Zentren der Kultur und der Bildung wurden.

Anselm Grün OSB schreibt: „Seit der karolingischen Reform wird praktisch in allen Klöstern des Mittelalters die Regel des hl. Benedikt befolgt. Mönchsein ist identisch mit Benediktinersein. Und die Benediktinerklöster wurden die Träger der Missionierung Europas und die Erzieher des Abendlandes. Den Klöstern verdankt Europa seine Kultur. Die Mönche errichteten Schulen und bewirtschafteten das Land. Die Klöster wurden überall die Zentren geistigen, kulturellen und religiösen Lebens."[21]

Heute sind es – laut einer römischen Statistik von 2000/2006 – weltweit 8.401 Benediktiner (in 212 Gemeinschaften und 21 Kongregationen) und 15.438 Benediktinerinnen (in 870 Gemeinschaften und 62 Kongregationen/Föderationen), die durch ihr Beten und Arbeiten („Ora et labora") die Erinnerung an ihren Ordensgründer lebendig erhalten. In Deutschland sind es 1.005 Benediktiner und 1.503 Benediktinerinnen.[22]

Reliquien des Heiligen

Was wäre die Verehrung eines Heiligen ohne seine Reliquien? Wie bereits oben erwähnt, wurden Benedikts sterbliche Überreste im Jahr 673 von Monte Cassino in die östlich von Orléans gelegene Benediktinerabtei Fleury gebracht, die von da an St-Benoît-sur-Loire genannt wurde. Doch Papst Zacharias (741–752) veranlasste im 8. Jahrhundert die Rückübertragung nach Monte Cassino.

Die Abtei Monte Cassino wurde im Laufe der Jahrhunderte immer wieder in Kriegen verwüstet, sodass das Grab des heiligen Benedikt, der der Überlieferung nach neben seiner Schwester Scholastika bestattet sein soll, lange Zeit nicht mehr wiedergefunden wurde. Erst bei den Aufbauarbeiten nach dem Zweiten Weltkrieg entdeckte man im Jahr 1950 ein Grab, in dem man die Ruhestätte des heiligen Benedikt vermutet.

Anderen Untersuchungen zufolge sollen die Reliquien des Heiligen immer im Kloster Monte Cassino geblieben sein. Sicher ist auf jeden Fall, dass dort zu allen Zeiten eine starke Verehrung der Benediktgebeine stattgefunden hat. Und daran hat sich bis zum heutigen Tage nichts geändert. Immer wieder pilgern Menschen zum Grab des heiligen Benedikt, um in ihren Anliegen zu beten.

Benediktreliquien befinden sich nicht nur in Monte Cassino und in Fleury, sondern auch in verschiedenen Orten in der Welt. So gibt es zum Beispiel Reliquien Benedikts in den Schweizer Benediktinerklöstern Einsiedeln und Disentis oder in der Abtei Metten in Niederbayern. Auch in St. Ulrich in Wien oder in St. Ulrich in Gröden (Südtirol) werden Reliquien des Heiligen verehrt.

Eine unbestreitbar echte Benediktreliquie besitzt das Kloster Benediktbeuern in Bayern. Der Klostertradition zufolge überbrachte Karl der Große (742–814) dem dritten Abt Elilant die große Reliquie vom rechten Arm des heiligen Benedikt, was dazu führte, dass sich das Kloster, das bislang

Buron hieß, in Benediktbeuern umbenannte. Im Mittelalter entwickelte sich Benediktbeuern zu einem Zentrum der Benediktverehrung. Das Kloster wurde zu einem berühmten und vielbesuchten Wallfahrtsort.

Die „Benediktenwand", ein Berg in der Nähe von Benediktbeuern, erhielt diesen Namen wahrscheinlich in der Barockzeit. Doch schon im Mittelalter sprach man von dem Berg als dem „Berg des heiligen Benedikt".

Patronate und Namensgebungen

Die Verehrung des heiligen Benedikt hat im Laufe der Jahrhunderte – bis zum heutigen Tage – immer wieder auf vielfache Weise ihren Niederschlag gefunden. Dies zeigt sich zum Beispiel in den zahlreichen Patronaten, mit denen der Heilige aus Nursia in vielen Ländern der Welt geehrt wird. Sie machen deutlich, wie sehr Benedikt die christliche Frömmigkeit der Menschen – früher wie heute – beeinflusst und angeregt hat.

Benedikt ist der Patron der vielen Klöster und Kirchen, Kapellen und Schulen, die zum Benediktinerorden gehören. Daneben verehren ihn schon seit Langem einzelne Personengruppen und Berufe als ihren Schutzheiligen. Zu ihnen gehören u. a. die Lehrer und Schulkinder, die Bergleute, Ingenieure und Höhlenforscher, die Kupferschmiede sowie alle, die sich für die Urbarmachung bestimmter Gebiete einsetzen. Auch viele Sterbende bitten den Heiligen um seinen Schutz und Beistand in der Stunde ihres Todes.

Auch bei zahlreichen Krankheiten und in anderen Anliegen haben sich Menschen – vor allem in früheren Jahrhunderten – an den heiligen Benedikt gewandt und ihn in ihrer Not um Beistand und Heilung angerufen. Besonders gegen Pest, Fieber und Entzündungen, Steinleiden (Nieren- und Gallensteine), Vergiftung und Zauberei wurde die Hilfe des Heiligen vom gläubigen Volk erfleht.

Wie sehr der heilige Benedikt verehrt wird, zeigt sich auch in der großen Verbreitung seines Namens als Vorname. Dazu zählen auch die Namen, die sich von Benedikt ableiten lassen, wie zum Beispiel „Benn" oder „Benni". Auch in Italien ist der Name „Benedetto" zu einem beliebten Jungennamen geworden.

Große Verehrer des heiligen Benedikt waren vor allem zwei Päpste, die sich für ihr Pontifikat den Namen „Benedikt" gegeben haben: Benedikt XV. (1914–1922), der im Ersten Weltkrieg zwischen den Kriegsparteien zu vermitteln suchte, und Benedikt XVI. (2005–2013), der erste deutsche Papst seit Hadrian VI. (1522/1523), der nach acht Jahren aus gesundheitlichen Gründen von seinem Amt zurückgetreten ist.

Vater und Schutzpatron Europas

Zwei Ehrentitel zeigen, welche große Bedeutung der heilige Benedikt für das Abendland, besonders aber für die Entwicklung des christlichen Europas, gehabt hat. Papst Pius XII. (1939–1958) würdigte Benedikt als „Pater Europae", als „Vater Europas". Und Papst Paul VI. (1963–1978) ehrte den Heiligen im Jahr 1964 mit dem Titel „Schutzpatron des Abendlandes", als er die aus den Trümmern des Zweiten Weltkrieges wiedererstandene Basilika des Klosters Monte Cassino feierlich einweihte.

Ab dem 11. Jahrhundert wurde der Gedenktag des heiligen Benedikt am 21. März, dem von Papst Gregor genannten Todestag des Heiligen, begangen. Mit der Erhebung des Festes in den liturgischen Kalender der Gesamtkirche wurde der Gedenktag 1970 auf den 11. Juli verlegt. An diesem Tag im Jahr 673 sollen – wie oben erwähnt – die sterblichen Überreste Benedikts vom Kloster Monte Cassino in die Benediktinerabtei Fleury gebracht worden sein.

Am Festtag des heiligen Benedikt lädt uns die Kirche mit diesen Worten zum Mitbeten ein: „Die Fürbitte deines heiligen Abtes Benedikt empfehle uns, o Gott, deiner väterlichen Güte, damit wir, was wir durch unsere Verdienste nicht vermögen, durch seinen Beistand erlangen. Durch Christus, unsern Herrn. Amen."

Himmlischer Helfer und Fürsprecher

Eine letzte Bemerkung: Auch die zahlreichen Wunder, die *nach* dem Tod des heiligen Benedikt geschehen sind, haben wesentlich zur Verehrung des Mönchsvaters im gläubigen Volk beigetragen. Sie haben dazu geführt, dass das Vertrauen der Menschen in den himmlischen Helfer und Fürsprecher über alle Jahrhunderte hinweg bis zum heutigen Tage lebendig geblieben ist.

Von einem „herrlichen Wunder" nach dem Tod des Heiligen berichtet bereits Papst Gregor der Große. Es soll in der Höhle geschehen sein, die einst der heilige Benedikt in Subiaco bewohnt hatte. Der Papst erzählt im zweiten Buch der „Dialoge" von folgender wundersamen Begebenheit:

„Eine geistesgestörte Frau, die ganz von Sinnen war, schweifte über Berg und Tal, durch Wälder und Felder bei Tag und bei Nacht und ruhte nur, wenn die Müdigkeit sie dazu zwang. Eines Tages war sie sehr unruhig, verirrte sich und kam, ohne es zu merken, zur Höhle des heiligen Mannes, des Vaters Benedikt; sie trat ein und blieb dort. Am anderen Morgen verließ sie die Höhle geheilt; sie war so klar bei Sinnen, als wäre sie nie vom Wahnsinn befallen gewesen. Zeit ihres Lebens blieb ihr die Gesundheit erhalten, die sie dort wiedererlangt hatte" (Dial. II, 38,1).

Darstellung des Heiligen

Die große Beliebtheit des heiligen Benedikt und seine Verehrung haben ihren Ausdruck in einer Vielzahl bildlicher Darstellungen gefunden. Für die Künstler aller Zeiten ist der Heilige – sein Leben und Wirken, vor allem die vielen Wunder- und Heilungsberichte – zu einem beliebten Motiv ihrer Kunstwerke geworden.

Viele Darstellungen – Gemälde, Glasfenster, Fresken, Statuen, Andachtsbilder, Vignetten – sind im Laufe der Jahrhunderte entstanden. Die älteste uns bekannte Darstellung des heiligen Benedikt ist ein Fresko aus dem 8. Jahrhundert, das im Jahr 1940 in der Hermeskatakombe im Norden Roms entdeckt wurde.

Meist wird der heilige Benedikt als hochragende Abtsgestalt (mit dem Brustkreuz oder Stab) oder als Benediktinermönch im schwarzen Habit (manchmal mit Kukulle/Kapuze) dargestellt. Als Attribute (Kennzeichen) hat er oft bei sich einen Becher mit Schlange als Hinweis auf das auf ihn versuchte Giftattentat (durch die Mönche von Vicovaro) oder einen Raben, der – ebenfalls auf einen Tötungsversuch (durch den Priester Florentius) hinweisend – vergiftetes Brot im Schnabel trägt.

Darstellung mit einem Becher

Künstlerische Beispiele für die Darstellung des Heiligen mit einem Becher – mit oder ohne (sich herauswindende) Schlange – finden sich im Kunsthistorischen Museum in Wien (Relief von Andreas Lackner), am Hochaltar (Mittelschrein) der ehemaligen Klosterkirche von Blaubeuren (Benediktusfigur von Gregor Erhart aus dem Jahr 1493) und im Kuppelfresko der Benediktinerklosterkirche Neresheim.

Eine Mitra als Abtsattribut trägt die Figur des heiligen Benedikt in einem Retabel (Altaraufsatz) von 1505 zu Münchenbernsdorf (Sachsen-Weimar) sowie am Portal der Schlosskirche zu Chemnitz von 1525. Zu den Füßen des Heiligen liegt die Mitra bei seiner Darstellung auf dem Deckel des Dionysiusschreines in St. Emmeran zu Regensburg.

In pontifikaler Messkleidung ist der heilige Benedikt dargestellt im Aufsatz des dem frühen 14. Jahrhundert entstammenden Retabels des Hochaltars zu Cismar und auf einem Glasgemälde aus dem frühen 16. Jahrhundert in der Freiherrlich-von-Zwierleinschen Sammlung.

Im Kreis der Mönche

Häufig dargestellt wird auch die Szene, wie Benedikt in der Kapelle des Klosters Monte Cassino stirbt. Meist umgeben den Ordensgründer dabei mehrere Mönche. Beispiele dafür sind ein Deckenfresko in der ehemaligen Benediktinerabteikirche in Amorbach, ein Fresko in der Capella del Crocifisso in Monte Cassino oder die Miniatur einer im 11. Jahrhundert in Monte Cassino entstandenen, mit 65 Szenen aus dem Leben Benedikts illustrierten Handschrift (Vatikanische Bibliothek, Rom).

Immer wieder ist auf Darstellungen des Heiligen die Szene zu sehen, wie Benedikt im Kreis seiner Mönche sitzt, etwa auf einer Tafel des Weihenstephaner Hochaltars, die heute in der Alten Pinakothek in München zu sehen ist. Oft sitzt Benedikt zu Tisch im Kreis seiner Mönche, zum Beispiel auf einem Gemälde des italienischen Malers Sodoma (1477–1549) aus dem Jahr 1503 im Kloster Monte Oliveto Maggiore bei Siena. Während die Mönche beim gemeinsamen Mahl schweigen, liest einer von ihnen aus der Heiligen Schrift vor.

Viele Darstellungen zeigen den heiligen Benedikt mit seiner Zwillingsschwester Scholastika, so auf einem Fresko in Subiaco. Die Schwester Benedikts, die den weiblichen

Zweig des Benediktinerordens gründete, trat wohl schon früh in ein Kloster ein, lebte der Überlieferung nach zuerst in einem Kloster bei Subiaco, später als Äbtissin im Kloster Piumarola bei Monte Cassino, wo sie um 547 starb.

Auf anderen Darstellungen ist Benedikt mit dem Buch der von ihm verfassten Ordensregel, mit Dornen, mit einer Kugel in der Hand, mit einem Pelikan oder auch mit einer Rute, mit der er einen Mönch züchtigt, zu sehen. Alle Attribute lassen sich aus den von Papst Gregor festgehaltenen Legenden erklären.

Darstellungen mit dem Buch, das den heiligen Benedikt als Ordensstifter kenntlich macht, gibt es seit dem späten Mittelalter recht häufig. Dass es sich bei dem Buch um die Regel handelt, erhellt aus den die Benediktinerregel beginnenden Worten: „Ausculta, o fili, precepta magistri et inclina aurem cordis tui" (= „Höre, mein Sohn, auf die Weisung des Meisters, neige das Ohr deines Herzens"), die es auf einem der Fresken von etwa 1140 in der Nonnberger Stiftskirche zu Salzburg und auf einem Wandgemälde zu Maria Laach von etwa 1500 aufweist.

Eine besonders schöne Darstellung des Heiligen stammt vom Meister von Messkirch mit dem Titel „Der heilige Benedikt als Einsiedler im Gebet" (um 1540). Es befindet sich in der Staatsgalerie Stuttgart. Das Gemälde zeigt den Heiligen in seiner unzugänglichen Höhle bei Subiaco, wie er von dem Mönch Romanus mit Nahrung versorgt wird. Der Teufel zerschlägt dabei mit einem Stein die Glocke, die dem Mönch als Zeichen der Essenslieferung diente. Papst Gregor beschließt diese Szene mit der Bemerkung: „Romanus ließ sich aber nicht davon abbringen, nach Kräften zu helfen" (Dial. II, 1,4).

Bildwerke mit Wundern und Heilungen

Zahlreiche Bildwerke zeigen die von Papst Gregor dem Großen berichteten Wunder und Heilungen, die Benedikt gewirkt haben soll. Ein Gemälde von Gentile da Fabriano und Nicolò di Pietro zeigt zum Beispiel das „Siebwunder" des Heiligen (Florenz, Uffizien, um 1415/20). Dieses Wunder soll das erste Wunder gewesen sein, das der junge Benedikt in Enfide vollbracht hat: Durch ein Gebet zu Gott repariert er ein Weizensieb, das seiner Amme, die es von Nachbarinnen ausgeliehen hatte, zu Boden gefallen und auseinandergebrochen war (Dial. II, 1–2).

Die Heilung eines hautkranken Mannes durch den heiligen Benedikt hat ihren Niederschlag gefunden auf einem Fresko in der Unterkirche von S. Crisogono in Rom, das im 10. Jahrhundert entstanden ist. Die Darstellung zeigt den Mönchsvater mit dem jungen Mann, dem durch die Missgunst eines Feindes Gift ins Getränk gemischt worden war und dessen Haut sich daraufhin völlig verändert hatte und wie von Aussatz befallen aussah (Dial. II, 27,3).

Es ist im Rahmen dieses Buches nicht möglich, auf die zahlreichen bildlichen Darstellungen des heiligen Benedikt im Einzelnen einzugehen. Eine besonders schöne und übersichtliche Zusammenfassung der Darstellungen des Heiligen – vor allem in der deutschen Kunst – befindet sich in dem Buch von Joseph Braun „Tracht und Attribute der Heiligen in der deutschen Kunst" (Berlin, 3. Auflage 1974) unter dem Stichwort „Benedikt" (S. 123–126). Das Buch sei allen interessierten Lesern und Benedikt-Verehrern zur weiteren Lektüre empfohlen.

Besondere Erwähnung verdient auch der Bildteil „Benedikt von Nursia und seine Welt" von H. N. Loose in dem empfehlenswerten und des Öfteren zitierten Buch von Walter Nigg „Benedikt von Nursia" (Freiburg i. Br. 1979, S. 57–120).

Benedikt-Brauchtum

Die Wertschätzung des heiligen Benedikt in der Bevölkerung findet ihren Ausdruck auch im Brauchtum, das sich über alle Jahrhunderte hinweg um die Gestalt des Ordensgründers entwickelt hat. Dazu gehören vor allem die Benediktmedaillen, die Benediktschellen sowie die Bauernregeln rund um den Todestag (21. März) des Heiligen.

Benediktmedaillen – Benediktpfennige

„Benediktmedaillen" oder „Benediktpfennige" waren in früherer Zeit im gläubigen Volk sehr beliebt. Sie wurden vor allem als Amulette benutzt, um Heilung für Menschen und Tiere zu erwirken. Gleichzeitig sollten sie durch die Fürbitte des Heiligen die Menschen vor Schäden durch Unwetter und Gewitter schützen. Um böse Geister von Sterbenden fernzuhalten, wurden die so genannten „Benediktschellen" geläutet.

Im „Ökumenischen Heiligenlexikon" heißt es im Artikel „Benedikt von Nursia" über die Benediktmedaillen:

„Als ‚Benediktpfennig' wurde im 18. Jahrhundert in Wien eine Medaille geprägt, die vor der Pest schützen sollte. Schon zuvor war eine solche Medaille als Amulett gegen Krankheit und Gefahr in Österreich und der Schweiz, in Süddeutschland, dem Rheinland und in Böhmen in Gebrauch. Auf der Vorderseite ist Benedikt dargestellt, auf der Rückseite das ‚Benediktkreuz' mit dem ‚Benediktussegen', einer Beschwörungsformel gegen den Teufel."[23]

Im erwähnten Beitrag ist die heute am weitesten verbreitete Benediktmedaille von Desiderius Lenz, einem Mönch aus dem Kloster Beuron, abgebildet. Sie wurde geschaffen zum 1400. Geburtsjubiläum des heiligen Benedikt im Jahr 1880 und von Erzabt Nikolaus d'Orgement vom Kloster Monte Cassino in Auftrag gegeben.

Neben dem Bildnis des heiligen Benedikt auf der Vorderseite (mit dem Buch der Ordensregel in der linken Hand) verdient das Kreuz auf der Rückseite besondere Beachtung. In den Feldern zwischen den Kreuzarmen stehen die Buchstaben CSPB. Sie stehen für das lateinische „Crux Sancti Patris Benedicti", zu deutsch: „Das Kreuz des heiligen Vaters Benedikt".

Zwei Beschwörungsformeln im Kreuz drücken den Glauben des heiligen Benedikt aus. Auf dem Längsbalken finden sich die Buchstaben CSSML – „Crux Sacra Sit Mihi Lux" – „Das heilige Kreuz sei mir Licht". Der Querbalken trägt die Buchstaben NDSMD – „Non Draco Sit Mihi Dux" – „Nicht der Drache sei mir Führer".

Schließlich findet sich in der Umrandung des Kreuzes ein weiteres Verspaar: VRSNSMV – „Vade Retro Santana, Numquam Suade Mihi Vana" – „Weiche zurück, Satan, nie rate mir Eitles"; und: SMQLIVB – „Sunt Mala Quae Libas, Ipse Venena Bibas" – „Übel ist, was du bietest; trinke selber das Gift".

Bauernregeln an St. Benedikt

Auf den Todestag und früheren Gedenktag des heiligen Benedikt (21. März) beziehen sich zahlreiche Bauernregeln, die im Laufe jahrhundertelanger Wetterbeobachtung – vor allem der Menschen im ländlichen Bereich – entstanden sind und sich bis zum heutigen Tage erhalten haben. Aus der Fülle der überlieferten Wetterregeln seien hier die wichtigsten genannt:

„Willst du Gersten, Erbsen, Zwiebeln dick,
so säe an Sankt Benedikt."

„Auf Sankt Benedikt achte wohl,
dass man Hafer säen soll."

„Sankt Benedikt
den Garten schmückt.“

„Sankt Benedikt
macht die Möhren dick.“

„Der Benedikt leitet deine Hand,
säst du mit ihm die Frucht ins Land.“

„Soll das Korn gar üppig stehen,
soll man es an Sankt Benedikt säen.“

Benediktenkraut

Der Name des heiligen Benedikt ist sogar in eine Pflanzenbezeichnung eingegangen: das Benediktenkraut. Das Benediktenkraut, auch Bitterdistel genannt, ist laut Lexikon ein „distelähnlicher, grüngelb blühender, filziger Korbblütler“. Biologen kennen es als gerb- und bitterstoffreiche Heilpflanze. Es lässt sich leider nicht sagen, welchen Bezug diese Pflanze zum heiligen Benedikt haben könnte.

Brief an den heiligen Benedikt

In seinem lesenswerten Buch „Meine sehr verehrten Heiligen!“ (Freiburg i. Br. 1988) schreibt Eduard Imhof einen „Liebesbrief“ an den heiligen Benedikt. Darin wendet sich der Schweizer Pfarrer, bekannt durch seine Radiopredigten, Zeitschriftenglossen und Bücher, in hintergründig-fröhlicher Weise an den Heiligen, der „mit seinem einzigartigen Leben eine verteufelte Welt wieder ins Kraftfeld der Gnade“ gerückt hat.

„Sie sind mir so sympathisch, weil Sie so friedlich über die Weltbühne gingen“, schreibt Imhof an Benedikt. „Sie haben zur richtigen Zeit gebetet und zur richtigen Zeit gearbeitet. Das war alles. Aber es genügte, um eine bankrotte Welt wieder flott zu kriegen“ (S. 69). Der Brief – im Folgenden im Wortlaut wiedergegeben – lädt zum Nachdenken ein:

Sehr verehrter heiliger Benedikt!

Ganz ehrlich, ich empfinde eine Riesenfreude ... nicht weil Heilige wie Sie im Heiligenkalender immer noch figurieren oder wie verstaubte Teppiche durch eine extra präparierte Allerheiligenkirche gezogen werden bei passender Gelegenheit, sondern weil Sie mit Ihrem einzigartigen Leben eine verteufelte Welt wieder ins Kraftfeld der Gnade Gottes rückten.

Sie waren noch nicht volljährig, als Sie ausbrachen aus den Gedankengängen der zeitgenössischen Schöngeister und Chefideologen, als sie der Zivilisation mit ihrer konstanten Lebenslüge, ihrer Bequemlichkeitsallüre und dem unverbesserlichen Fortschrittsfimmel den Rücken kehrten, um in einer Höhle der Wildnis Ihre Not wie ein Wolf zu Gott und seinem Himmel emporzuheulen. Sie fanden keinen Schlaf mehr auf dem abgedroschenen Stroh der weltbesessenen Prediger und der abgerundeten Regierungssprecher. Sie, heiliger Benedikt, hatten mit sechzehn oder siebzehn

Jahren bereits die Ohren voll von dem leeren Geschwätz und dem hohlen Wortschatz der Adligen und vom hoch oben nicht mehr gehörten Jammern der so genannten unterprivilegierten Schichten.

Auf dem Hintergrund einer gotteslästerlichen Verweltlichung und Verweichlichung und einem geradezu obszönen Abbau der Seelenschätze im Leibinnern der Menschen zogen Sie die Notbremse und stiegen einfach aus. Sie ließen die Zehn Gebote nicht länger zuschneiden auf jedes öffentliche und jedes private Bedürfnis. Sie konnten nicht mehr mit ansehen, wie man die Bibel als Mastmittel den Säuen vor die Füße warf, wie man Kommunion austeilte an den Tischen der heidnischen Pane und Bockstänzer. Sie hatten genug, übergenug von der Anpassung an die gesellschaftliche Gepflogenheit und von der feinfühligen Benickung der vielseitigen Unmoral.

Der Ausbruch in die Wildnis war für Sie eine Bereicherung. Das spärliche Brot, das Ihnen ein anderer Mönch, der heilige Romanus, in Ihre tiefe Weltabgeschiedenheit hinunterließ, ermöglichte es Ihnen, aufgrund eigener Erfahrung, eine zeitgemäße Anti-Welt und ein auf Gottes Wort stehendes Anti-Leben zu entwickeln. Wenn Ihre ganze Umwelt nur noch von der Erde lebte, Wein trank, sich bis zur Tollheit amüsierte, beteten Sie in der Wildnis Gott und dessen Himmel an, fasteten Sie und trugen auf zölibatäre Weise die Sünden der Unkeuschheit ab: Sie taten Buße für alle, die außer Rand und Band dahinvegetierten.

Heiliger Benedikt, Sie warfen den Mantel von der Stange ins Feuer. Sie lehnten sich auf gegen die gesteuerte und fahrlässige Verschmutzung der Seelenlandschaft. Sie lehrten die Mönche und Nonnen, die Ihnen in etwa zu folgen vermochten, die Lauterkeit des Geistes und die Reinheit des Herzens. Ihre Klöster waren die ersten Kläranlagen für die immer nur an Besitz und persönlichen Vorteil gebundenen Abwässer eines korrumpierten Lebensstils und einer hinter ungebändigten Genüssen abgesackten, versumpften Seele.

Sie, heiliger Benedikt, *zeigten die andere Möglichkeit auf.* Mit Leuten, die von der gleichen Gnade wie Sie ergriffen waren, begannen Sie, Psalmen auf Gottes Vorhandensein, auf seine grandiose Schöpfung, auf die sündenzermürbende Kraft der Erlösung durch seinen eingeborenen Sohn, auf die bevorstehende Himmelfahrt der vom Heiligen Geist Berührten zu singen. Sie wiesen der Arbeit und dem Gebet genau ihre Stunden zu. Dieses heilsame Netz der Ordnung hielt Leib und Seele aufrecht und erlaubte allen, die bei Ihnen Unterkunft fanden, richtig Mensch zu sein und nach Gottes Bild und Gleichnis zu leben. Die ungemein asketischen Choräle wuchsen durch die Klostermauern von innen nach außen, der Hafer, die Gerste und das Korn, das Wiehern des Zuchtgestüts durchstießen die Mauern von außen nach innen. Schöpfung und Erlösung arbeiteten einander in die Hand. Das bis anhin vermisste Reich Gottes ergoss sich über das Gefieder der Inspiration, die wie eine Heilig-Geist-Taube jedem ursprünglichen Benediktiner im Hinterkopf saß. *Gebet und Arbeit* waren wie Flut und Ebbe die Gezeiten der Mönche und Nonnen. Niemand sprach von Weltflucht, Einseitigkeit oder Pflichtzölibat. Um des Himmelreiches willen dichteten, malten, komponierten, sangen, ackerten, butterten und züchteten alle nach der Regel eines inzwischen bekannt gewordenen und von allen Altären demütig herunterblickenden heiligen Benedikt.

Heutzutage, sehr verehrter heiliger Benedikt, gibt es im alten christlichen Abendland eine Unmenge von Missständen und eine ebenso große Menge von aufgeschlossenen Damen und Herren, die alles anwidert, was ihnen die moderne Gesellschaft bietet.

Dementsprechend lassen sie ihrem Unmut freien Lauf. Sie bauen Barrikaden vor Bus und Eisenbahn, stoßen Tanksäulen um und stecken Polizisten und Autos in Brand. Sie pilgern „nackend" über die Straße und ärgern mit ihren Protestsongs und Spruchbändern gut erzogene und korrekt gekleidete Bürger. Sie pfeifen auf sämtliche Segnungen unserer Zivilisation und das neueste Arbeitnehmer-Arbeitgeber-Statut. Und mit bestem Willen vermögen sie trotz Zahnbürste und wohlriechendem Atem, trotz nicht splitterndem Nagellack und jedem Wirbel der Wirbelsäule sich anpassender Nachtmatratze nicht aufzujubeln und ihr Glück zu besingen. Nicht einmal die schlanke Linie und die gebräunte Ferienhaut ist ihnen Grund genug zu leben.

Ich befürchte, heiliger Benedikt, dass der ganze Tross der jetzt Revoltierenden gar nicht so unrecht hat, dass er aber hinter dem Krawall und dem Terror nicht die Kraft haben wird, eine lebensfähige Anti-Kultur und Anti-Moral aus dem Nichts zu stampfen. Ich befürchte, dass diese Auswanderer aus der Gegenwartsgeschichte auch nur das Recht auf den eigenen Bauch und die besondere Masche im Haar postulieren. Leider sind unsere aus Bund und Kanton, aus Kirche und Evangelium ausziehenden Oppositionellen von ihrer Erziehergeneration nicht so geprägt, dass sie ihre Ansprüche maßvoll formulieren oder im Auftreten schüchtern und in der Lautstärke leise sind.

Wenn eine überzeugende Persönlichkeit aufträte, wenn vielleicht Sie, heiliger Benedikt, wiederkämen, dann könnte man noch hoffen. Vielleicht fänden Sie noch Anklang. Vielleicht wie noch nie jemand in Europa. Vielleicht fänden Sie nicht genug Klöster, nicht genug Choralgesang, nicht genug Schleier und Kutten, um die mit der Weltlage, dem westlichen Wirtschaftssystem, der Politik, der Kirche und der Familie Unzufriedenen an Ort und Stelle aufzufangen. Ich bin sicher: Bei Ihnen würden alle finden, was sie leidenschaftlich suchen ... die Anti-Welt, die Anti-Stadt, das Anti-Dorf, die Anti-Familie, die Anti-Liebe und die Anti-Moral auf jedem Gebiet. Ein Heiliger Ihren Formats könnte das Unmögliche vielleicht schaffen. Ansonst vergammeln die Leute mit dem wunderbaren Ansatz zur Heiligkeit mit den neuen Ideen im Kopf und dem Lenkrad zum totalen Dreh in der Hand. Ich bin sicher, Sie, heiliger Benedikt, könnten ihnen sagen, worauf es ankommt und wie man es macht. Sie lebten ihnen die große Korrektur und die notwendige Kurve vor. Sie würden nicht einmal im 20. Jahrhundert etwas dagegen haben, wenn die Ausbrecher aus Gewissensgründen Wohlstand, Lebensversicherung, Elektrizität, Wohnwand und Polstergruppe hinter sich ließen, um bei Ihnen wieder Gott an den Anfang aller Prinzipien zu setzen, den Totenkopf aufs Studierpult zu stellen und mit dem brennenden Kienspan in der Hand Gloria Patri et Filio zu singen.

Sie würden es begrüßen, wenn die zu Ihnen Übergelaufenen wieder die Axt und die Hacke schwängen, dem Rauschen des Waldes und dem Singen der Weinbergvögelchen zuhörten, im Zwielicht der Tag- und Nachtgleiche nicht verflossenen Liebschaften nachtrauerten, sondern ein grundsätzliches Zeichen der evangelischen Keuschheit ... um des Himmelreiches willen ... in die Trivialgassen der Liebesabenteuer, der Nachtschwärmer und Eintagsfliegen würfen.

Leben unter Ihrer Regie, heiliger Benedikt, hieße nicht mehr tun, was man will, wie man will und wann man will. Man müsste aufhören, in eigener Person Gesetz, Gericht und Schiedsspruch zu spielen. Sehr viel würde man, um der Gemeinschaft zu dienen, tun oder lassen müssen. Man müsste sich einstufen und unterordnen. Sehr viel würde man opfern müssen, um ein bibelgerechter Christ zu sein und mit der Zeit auch ein Heiliger zu werden. Die Befreiung und die Freiheit wurde noch auf keinem Punkt der Geschichte terroristisch erzwungen. Sie kam klösterlich einfach, geräuschlos. Selbstlose Männer und Frauen trugen sie nach der Fußwaschung, in eine Dienstbotenschürze eingeknüpft, immer aus dem gleichen Abendmahlssaal.

Darum helfen geknackte Tresore, eingeworfene Fenster, angezündete Autos und eine Riesenwut im Leib nicht weiter. Wer nicht glaubt an den Erfolg des stellvertretenden Leidens, an die Gewalt des aufopfernden Dienstes, an die Macht der Ohnmächtigen im Büßergewand, dessen Texte sich in den Wind gesprochen, dessen Gewaltmärsche enden zuhinterst in einem Kanonenrohr oder in der Ecke einer zerquetschten Streichholzschachtel.

Wenn ich's auf der ganzen Breite bedenke, sehr verehrter heiliger Benedikt, dann haben Ihre Mönche und Nonnen für Europa mehr getan als die blutrünstige Junta der Feldherren. Und Ihre geistliche Strategie war erst noch viel menschlicher und unschuldiger. Deswegen, heiliger Benedikt, sind Sie mir so sympathisch, weil Sie so friedlich über die Weltbühne gingen. Sie haben zur richtigen Zeit gebetet und zur richtigen Zeit gearbeitet. Das war alles. Aber es genügte, um eine bankrotte Welt wieder flott zu kriegen.

Überhaupt, je länger ich das bedenke, werden mir nicht nur Sie, heiliger Benedikt, sondern sämtliche Heilige sympathisch. Die Methode, wie sie mit Gott und ihren Mitmenschen umgehen, gefällt mir. Dienstfertig, unauffällig, ungerufen stehen sie plötzlich in der Landschaft, um im richtigen Moment das Richtige zu tun.

Heiliger Benedikt, darf ich Sie bitten, in meinem Namen und im Namen aller Heiligenverehrer sämtliche Heilige im Himmel zu grüßen.[24]

Mit diesem Brief an den heiligen Benedikt wollen wir die Ausführungen über Leben, Wirken und Bedeutung des berühmten Mönchsvaters beenden. Was noch zu sagen ist, kann am besten mit den Worten Papst Gregors an seinen Gesprächspartner in den „Dialogen", den Diakon Petrus, geschehen: „Jetzt müssen wir unser Gespräch für eine Weile unterbrechen, um im Schweigen wieder neue Kraft zum Reden zu schöpfen" (Dial. II, 38,5).

Literaturverzeichnis

Benedictus – Bote des Friedens. Papstworte zu den Benediktusjubiläen von 1880 bis 1980, dargeboten und eingeleitet von Fr. Renner. St. Ottilien 1982.

Benedictus – Eine Bild-Biographie. Nach dem Zweiten Buch der Dialoge Gregors des Großen, herausgegeben und eingeleitet von E. Jungclaussen. Regensburg 1980.

Benedikt von Nursia: Suche den Frieden und jage ihm nach. Textauswahl von Viktor Dammertz OSB. Kevelaer 1989.

Böck, Karl: Menschen und Heilige. Donauwörth 1985. S. 54–60 (Benedikt).

Chittister, Joan: Nimm diese Regel als Anfang. Die Benediktsregel als Leitfaden für das Leben. Münsterschwarzach 2008.

Die Benediktusregel. Lateinisch / deutsch. Herausgegeben im Auftrag der Salzburger Äbtekonferenz. Beuron 1992 (zitiert: RB).

Goberna, M. Regina: Vater Benedikt. Sein Leben, erzählt und illustriert von Benediktinerinnen der Abtei Sant Benet de Montserrat. München–Zürich–Wien 1988.

Gregor der Große: Der hl. Benedikt. Buch II der Dialoge. Lateinisch / deutsch. Herausgegeben im Auftrag der Salzburger Äbtekonferenz. St. Ottilien 1995 (zitiert: Dial.).

Grün, Anselm: Benedikt von Nursia und die Benediktiner. In: Weismayer, Josef (Hg.), Mönchsväter und Ordensgründer. Männer und Frauen in der Nachfolge Jesu. Würzburg 1991, S. 65–86.

Ders.: Benedikt von Nursia – Seine Botschaft heute. Münsterschwarzach 1979.

Ders.: Einswerden – Der Weg des hl. Benedikt. Münsterschwarzach 1986.

Holzherr, Georg: Die Benediktusregel – eine Anleitung zu christlichem Leben. Fribourg 2007.

Imhof, Eduard: Meine sehr verehrten Heiligen! Liebesbriefe eines Pfarrers. Freiburg i. Br. 1988, S.63–69 (Sehr verehrter heiliger Benedikt).

Lechner, Odilo: Benedikt von Nursia – Der Schutzpatron Europas. In: Georg Popp, Die Großen des Glaubens. Stuttgart 1985, S. 42–46.

Melchers, Erna und Hans: Das große Buch der Heiligen. Geschichte und Legende im Jahreslauf. München 1978, S. 176–180 (Der heilige Benedikt von Nursia).

Müller, Beda: Benedikt und Europa. Durchblicke und Einblicke – Erinnerungen und Erfahrungen. Kisslegg 2004.

Nigg, Walter: Benedikt von Nursia. Der Vater des abendländischen Mönchtums. Freiburg i. Br. 1979.

Ders.: Vom Geheimnis der Mönche. Zürich und Stuttgart 1953, S. 151–179 (Benedikt und seine Regel).

Puzicha, Michaela (Hg.): Quellen und Texte zur Benediktusregel. Herausgegeben im Auftrag der Salzburger Äbtekonferenz. St. Ottilien 2007.

Rode, Andreas: Das Jahreslesebuch der Heiligen. Große Gestalten für jeden Tag. München 2008, S. 468–473 (Benedikt von Nursia).

Ruppert, Fidelis / Grün, Anselm: Bete und arbeite. Münsterschwarzach 1982.

Schütz, Christian: Gesegneter Alltag – Lebensweisheit aus der Regel Benedikts. St. Ottilien 2003.

Ders. (Hg.): Vom Hören zum Ankommen. Texte benediktinischer Spiritualität. Mainz 2002.

Schütz, Christian / Rath, Philippa (Hg.): Der Benediktinerorden. Gott suchen in Gebet und Arbeit (= topos taschenbücher 506). Kevelaer 4. Aufl. 2009.

Wieser, Martin: Benedikt von Nursia. In: Gelebte Antwort. Hg. v. Joachim Köhler. Stuttgart 1981, S. 26–37.

Abkürzungen

Dial. II	Zweites Buch der „Dialoge" Gregors des Großen
RB	Regel des heiligen Benedikt („Regula Benedicti")
Prol. RB	Prolog (Vorwort) zur Regel des heiligen Benedikt

Anmerkungen

Sofern sich Titel im Literaturverzeichnis befinden, werden in den Anmerkungen nur Kurztitel angegeben.

1 Menschen und Heilige, S. 54f.
2 Benedictus – Bote des Friedens, S. 128.
3 Benedikt von Nursia, S. 38.
4 S. 60.
5 Benedictus – Bote des Friedens, S. 138.
6 Aus: Gregor der Große, Der heilige Benedikt (zitiert: Dial.).
7 http://www.benediktiner.de/index.php/der-hl-benedikt-von-nursia.html
8 Benedikt von Nursia, S. 54.
9 Benedictus – Bote des Friedens, S. 154.
10 S. 469.
11 Benedikt von Nursia, S. 28.
12 Benedictus – Bote des Friedens, S. 70.
13 Benedictus – Bote des Friedens, S. 132f.
14 Benedictus – Bote des Friedens, S. 139f.
15 Benedikt von Nursia, S. 45.
16 S. 90.
17 Vgl. Joan Chittister, Nimm diese Regel als Anfang, S. 12.
18 Benedikt von Nursia, S. 39.
19 Benedikt von Nursia, S. 52.
20 http://www.benediktiner.de/index.php/der-hl-benedikt-von-nursia.html
21 Benedikt von Nursia und die Benediktiner, S. 86.
22 Vgl. Christian Schütz/Philippa Rath (Hg.), Der Benediktinerorden, S. 218.
23 http://www.heiligenlexikon.de/BiographienB/Benedikt_von_Nursia.html
24 Aus: Eduard Imhof, Meine sehr verehrten Heiligen!, S. 63–69.

Ebenfalls erschienen bei

topos taschenbücher

Andreas Drouve

Der heilige Martin

Patron der Armen – Vorbild der Nächstenliebe

144 Seiten

Band 770
ISBN 978-3-8367-0770-1

www.topos plus.de

Ebenfalls erschienen bei

topos taschenbücher

Reinhard Abeln

Der heilige Franziskus

Leben – Legenden – Bedeutung

96 Seiten
Band 821
ISBN 978-3-8367-0821-0

www.toposplus.de

Ebenfalls erschienen bei

topos taschenbücher

Reinhard Abeln

Die Vierzehn Nothelfer

Ihr Leben und ihre Verehrung

144 Seiten
Band 840
ISBN 978-3-8367-0840-1

www.toposplus.de